이기는 신앙

일러두기

본문의 성경은 《성경전서 개역개정판》을 주로 사용하였습니다.

승리하는 신앙을 위한 야전교범

이기는 신앙

이권희 지음

VICTORY

국제제자훈련원

이권희 목사님의 《이기는 신앙》은 단순한 신앙의 원리를 말하는 책이 아닙니다. 저자가 체험한 삶의 한복판에서 길어 올린 진리와 체험, 그리고 성경의 깊은 통찰이 씨줄과 날줄처럼 조화롭게 어우러진 실천적 신학 에세이라 할 수 있습니다. 책을 넘길수록 모든 사유의 근거를 성경 말씀에 두되, 그 안에 철학, 문학, 역사, 고전이 함께 호흡하고 있어, 오늘을 사는 그리스도인들에게 더 깊고 넓은 삶을 향유하게 합니다. 힘겨운 시대를 살아가는 오늘의 그리스도인들은 이 책을 통해 삶의 전장 한가운데서 어떻게 승리로 나아갈 수 있을지, 그 실제적인 이정표를 발견하게 될 것입니다.

책을 읽어가면서 책이 말을 걸어온다는 것을 느낄 것입니다. 믿음이 깊은 사람에게는 영적 통찰의 견고한 뿌리를 제공하고, 믿음이 약한 이에게는 하나님과의 관계에 대한 근원적인 질문을 발견할 것입니다. 이 책을 덮고 난 후에는 새롭게 살아내고자 하는 열정, 그리고 말씀 따라 다시 시작하고자 하는 희열이 일어날 것입니다.

류응렬 | 와싱톤중앙장로교회 담임목사, 고든콘웰신학대학원 객원교수

이 책은 단순한 신앙의 감정적 고양을 넘어, 성경적 원리와 목회 현장의 실제적 고민을 깊이 있게 연결하는 통찰을 제시합니다. 신학적 깊이와 목회적 감수성이 균형 있게 담겨 있어, 독자들이 신앙의 본질을 다시 세우고 삶의 자리에서 '이기는 신앙'이 무엇인지 성찰하도록 돕습니다. 특히 이권희 목사님은 다년간

의 목회 경험을 바탕으로 신앙의 핵심을 명료하게 정리하면서도, 과도한 수사나 감성적 강조를 피하고 본질에 충실한 해석을 제시합니다.

제자는 이기는 사람입니다. 저는 이 책이 한국교회에 건강한 신앙의 방향을 제시하고, 많은 성도들의 삶 속에 '이기는 신앙'의 실제적 능력을 일깨우는 귀한 도구가 되리라 확신합니다. 오래도록 신뢰해 온 동역자가 남긴 아름다운 작업을 기쁜 마음으로 추천합니다.

박명배 | 송내사랑의교회 담임목사, CAL-NET 이사 및 경기지역 대표

저자 이권희 목사님은 신실한 목회자의 길을 묵묵히 걸어오셨습니다. 한결같은 목자의 심정으로 성도들의 복된 삶을 위하여 목양일념으로 달려오셨습니다. 본서는 선한 목자이신 우리 주님의 마음을 헤아리는 섬세함이 묻어 있습니다. 또한 주님의 시선으로 우리 시대의 그리스도인들의 고뇌를 읽어 내려갑니다. 무사안일과 쓰나미처럼 밀려오는 세속주의의 파고를 믿음으로 헤쳐 나가야 하는 성도들의 일상을 치밀하게 말씀의 빛 아래에서 조명하여 대안을 제시합니다. 시대정신을 맹종하는 성도들의 관성을 깨뜨려, 승리하는 대장정의 여정을 지혜롭게 시작하도록 가이드라인을 제시합니다.

본서는 승리를 위한 태도를 강하게 도전합니다. 그 도전의 근거로 하나님의 말씀과 성도의 경험을 제시합니다. 승리의 길을 방해하는 결정적 요소들을 분별하여 발본색원할 것을 주문합니다. 패배주의에 물들어 있는 현상을 타파하여 영적인 전환점을 안겨주는 본서의 통찰력에 독자들은 새 힘을 얻게 될 것입니다. 구호로만 승리를 주장하는 것이 아니라, 삶의 현장에서 디테일한 부분까지 다루는 따뜻함까지 담겨 있는 본서를 기쁜 마음으로 추천합니다.

목회 현장에 서 있는 목회자들과 일상에서 하나님의 말씀을 적용하고 실천하기 원하는 교우들, 특히 평신도지도자들에게 매우 유용한 야전교범으로 쓰임 받을 것입니다. 아이들과 청소년들을 가르치는 주일학교 교사들과 자녀를 복음의 세대로 세우기를 갈망하는 우리 시대의 아버지 어머니들께도 자녀교육의 교과서로 쓰임 받기를 기원합니다.

오정호 | 새로남교회 담임목사, CAL-NET(제자훈련목회자협의회) 이사장

이권희 목사님의 첫 번째 책《목사님, 제자훈련이 정말 행복해요》에 이어서 두 번째 책《이기는 신앙》이 출간되어서 진심으로 기쁘게 생각합니다. 이 책의 제목이 제 마음에 크게 감동이 되었습니다. 그 이유는 요한계시록에 기록된 소아시아 일곱 교회의 끝에는 각각 이기는 자에게 주어질 약속이 나와 있기 때문입니다.

'이기는 신앙'이란 다른 말로 '승리하는 신앙'이라고 할 수 있습니다. 그래서 이 책의 저자 이권희 목사님은 책의 제목을 '이기는 신앙'이라고 했고, 본론에서 1부는 승리를 위한 자세, 2부는 승리를 위한 말씀, 3부는 승리를 위한 분투라고 소제목을 붙였습니다. 신앙생활은 이겨야 합니다. 이것이 우리 주님께서 모든 성도들에게 원하시는 신앙생활입니다.

이 책을 읽으면서 말씀에 많은 감동을 받았습니다. 신앙생활에서 승리할 수 있도록 구체적인 방법과 그 해답을 제시해 주고 있기 때문입니다.

이 책을 통해 성도 한 분 한 분이 '이기는 신앙인'이 되어서 우리 주님께 칭찬받고 상 받는 모든 성도님들이 되시기를 소원하면서 감사한 마음으로 이 책을 추천합니다.

오치영 | 인천두란노교회(신일교회 1호 개척교회) 담임목사

모두가 1등만 기억하는 희한한 세상에 살고 있습니다. 그래서 어떤 수단과 방법을 사용하든지, 누군가가 죽든지 말든지 꼭대기에 서기만 하면 된다는 생각이 세상 사람들의 의식을 지배하고 있습니다. 그런데 정작 1등을 한다는 것, 승리해서 성공을 쟁취했다는 것은 과연 어떤 의미일까요?

저자는 책 속에서 진정한 승리를 성경적으로 이렇게 풀어냅니다. "성경은 승리를 '믿음을 지킨 것', '죄를 이긴 것', '하나님의 뜻을 이룬 것'으로 본다. 그런 의미에서 성경은 '실패 속의 승리'도 말한다."

하루가 멀다 하고 자기계발을 통한 승리와 성공방정식을 제시하는 책들이 쏟아지고 있습니다. 그 속에서 세속적인 승리와 성공에 매몰되어 있는 것이 현실입니다. 그런데 이런 대세 속에서 저자는 깊은 묵상과 영적인 통찰을 통해 '나의 승리'가 아니라 '예수 그리스도의 승리'가 진정한 승리인 것을 탁월한 필치로 밝

혀냅니다.

때로는 우는 사자처럼 때로는 간교한 여우같이 쉼 없이 공격해 오는 사탄 앞에 우리 그리스도인들은 노출되어 있습니다. 본서는 '내가 세상을 이기었노라!'고 선포하신 궁극적인 승리자이신 예수 그리스도의 승리라는 견고한 토대 위에 서서 순간순간 악한 것들의 도전 앞에서도 의연하게 승리의 길을 걸어가기 원하는 성도라면, 일독(一讀)이 아니라 항상 베갯머리에 두고 반복적으로 읽고 체화해야 할 책이기에 출간을 함께 기뻐하며 추천합니다.

이상화 | 서현교회 담임목사, 한국소그룹목회연구원 대표

《이기는 신앙》은 언제나 승리하시는 하나님을 증거하는 귀한 책입니다.

하나님께 대한 불순종과 반역이 끊임없이 시도되고 있지만 하나님께서는 언제나 승리하셨고, 그 승리를 하나님의 백성들에게 선물로 허락하십니다. 십자가의 죽음으로 죄에 대하여 승리하셨고, 사랑으로 모든 불순종에 대하여 승리하셨습니다. 어린양으로 죽으신 예수님은 사자로서 승리하신 분이십니다(계 5:5). 지금도 어린양을 대적하는 세력들은 어린양을 따르는 성도들도 대적하고 있지만, 어린양의 승리가 성도들의 승리로 이어질 것입니다(계 17:14). 하나님과 겨루어 이겼다는 평가를 통해 '이스라엘'이라는 이름을 얻은 야곱처럼, 이미 주어진 승리를 믿고 약속의 땅을 정복한 여호수아처럼, 모든 성도들이 경험하는 승리는 '약속을 믿음으로 순종하여 하나님께서 다스리시는 인생'이 되는 승리입니다.

절망과 비관 그리고 패배주의가 만연한 이 시대에 성경을 통해 선포하시는 하나님과 그리스도 안에서 주어진 성도들의 승리를 묵상하는 것은 복음의 능력이고 축복입니다. 이권희 목사님의 하나님의 승리에 대한 묵상과 나눔은 성공 지향적인 세상의 흐름에 휩쓸려 패배주의의 늪에 빠져버린 많은 영혼들을 그 늪에서 빠져나와 승리를 외치게 하는 기쁜 소식입니다. 한국교회가 다시 한번 부흥을 경험하기 위해서는 이 승리의 기쁜 소식을 다시 깊이 묵상해야 합니다. 많은 사람들이 이 책을 통해 승리의 행진에 참여할 수 있게 되기를 기도하며 추천합니다.

이재훈 | 온누리교회 담임목사

신앙의 여정은 때로 칠흑 같은 어둠 속을 홀로 걷는 것만 같습니다. 십자가의 승리는 이미(Already) 선포되었으나, 우리의 현실은 아직(Not Yet) 죄와 실패의 그림자 속에 머물러 있기 때문입니다. 무기력과 패배주의가 안개처럼 드리운 이 시대에, 이권희 목사님의《이기는 신앙》은 길 잃은 순례자의 손을 잡고 아침을 향해 함께 걷는 다정한 길벗과도 같습니다.

저자는 세상이 말하는 화려한 '성공'에 주눅 든 우리에게, 성경이 말하는 거룩한 '승리'의 참된 의미를 깊이 있게 일러줍니다. 믿음의 선진들이 흘린 땀방울을 우리의 일상 속으로 가져와 성경과 현실을 연결하고, 우리 내면의 깊은 죄성을 정죄가 아닌 사랑의 언어로 진단합니다. 나아가 이 책은 승리가 개인의 내면에만 머물지 않음을 역설합니다. 복음 전도와 건강한 공동체를 통해, 잃어버린 교회의 야성(wildness)을 회복하고 함께 울고 웃으며 완성해 가는 것이야말로 성경이 말하는 진짜 승리임을 보여줍니다.

책장을 넘길 때마다 느껴지는 저자의 목회적 온기는 얼어붙은 우리의 마음을 녹이기에 충분합니다. 단순한 지식 전달을 넘어, 가슴으로 전해지는 '레마'(Rhema)의 울림이 이 책에는 가득합니다. 방향을 잃고 주저앉은 이들에게는 선명한 이정표가, 메마른 가슴을 부여잡은 성도에게는 다시 타오를 불씨가 되어줄 것입니다. 독자들의 심비(心碑)에 이 책의 가르침이 새겨지길 소망하며, 기쁨으로 이 책을 강력히 추천합니다.

조운 | 대영교회 담임목사, CAL-NET 이사 및 울산지역 대표

저자의 원고를 다 읽고 덮으면서 마음에 큰 감동이 밀려왔습니다. 이 시대를 사는 모든 그리스도인에게 시의적절한 메시지를 적확하면서도 구체적으로 전달해 주고 있습니다. 저자의 말대로 오늘의 한국사회는 겉으로 보면 풍요로워 보이지만, 속을 들여다보면 패배주의에 눌려 있습니다. 15년 전 쯤《아프니까 청춘이다》라는 자기계발서가 출간됐을 때 단숨에 베스트셀러 1위를 독점한 바 있습니다. 그러자 여기저기서 볼멘소리가 터져 나왔습니다. "우리도 아프다. 어디 청년뿐인가. 소년도, 장년도, 중년도, 노년도 다 아프단다." 누구에게나 단순한 위로를 넘어 승리를 제시해 주는 책의 출간이 절실하다는 반증입니다. 서점가 베스

트셀러 가판대를 차지하고 있는 자기계발서는 좋지만, 어디까지나 마사지를 받는 수준입니다. 우리의 삶에 대한 근본적인 처방과 해결책이 필요합니다. 그것은 오직 영원한 진리의 말씀에 기초한 승리의 메시지만이 가능합니다.

저자가 이것을 깔끔하게 정리해서 우리에게 안겨줍니다. 세속적 성공과 성경적 승리의 차이를 비교하면서 진정한 승리의 원리를 제시해 줍니다. 성공을 해도 문제, 못해도 문제인 이유는 바로 세속적 성공의 허점 때문인데, 이 점을 정확하게 짚어줍니다. 그리고 승리의 자세, 승리를 위한 말씀, 승리를 위한 분투, 승리의 복음, 승리의 균형 등을 차례차례 소개함으로 마치 승리의 파노라마를 보는 것 같은 감동이 있습니다. 매 주제 끄트머리에 첨부해 준 나눔 질문은 독자의 적용과 실천에 직접 활용할 수 있는 보너스 같아 이채롭습니다. 특히 저자와 35년 지기인 본인으로서는 그의 인격과 삶, 그리고 목회자로서의 충성과 열매를 익히 알기에 메시지 하나하나에 그 진성성과 무게감이 느껴져 더욱 좋았습니다.

오늘을 사는 모든 그리스도인과 목회자에게 정독을 적극 추천해 드립니다. 저자가 에필로그에 남긴 마지막 문장 "그리스도인은 '이기는 자'다. 우리의 신앙은 '이기는 신앙'이다"가 큰 울림으로 마음에 남습니다.

홍문수 | 신반포교회 담임목사

Ⅳ. 승리를 위한 균형

Ⅴ. 승리를 위한 복음

기독교 신앙을 한 단어로 표현하자면 "승리"라고 할 수 있다. 창세기부터 요한계시록까지 성경 전체를 살펴보면, '승리'의 메시지를 곳곳에서 찾을 수 있다. 이는 하나님이 '승리의 주체'이심을 보여 준다. 하나님은 승리를 통해 그분의 주권과 백성에 대한 약속의 성취, 그리고 죄와 사망과 사탄에 대한 궁극적인 정복을 드러내셨다. 성경이 말하는 승리는 인간의 능력으로 얻는 것이 아니라, 오직 하나님의 은혜와 능력으로 이루어지는 것이다. 이 승리는 최종적이며, 결정적이고 궁극적이다. 예수 그리스도 안에서 이미 이루어졌고 종말에 완성된다. 우리는 이미 승리한 전쟁을 치르고 있지만, 아직 '완전한 승리'는 성취되지 않았다. 그렇기에 신자는 오늘도 분투하며 살아가야 한다.

왜 '승리의 책'이 필요한가? '승리'라는 주제는 흔히 자기계발서, 리더십, 혹은 동기부여 서적 등에서 다루어진다. 그러나 성경적 관점에서 승리를 깊이 있게 다룬 책은 많지 않다. 그렇다면 기독교가 말하는 승리와 세상이 말하는 승리는 무엇이 다른가?

세상은 승리를 '성공', '성취', '성과'로 정의한다. 반면 성경은 승리를 '믿음을 지킨 것', '죄를 이긴 것', '하나님의 뜻을 이룬 것'으로 본다. 그렇기 때문에 성경에서는 '실패 속에서도 승리'를 찾을 수 있다. 그 대표적인 예가 '예수님의 십자가'다. 예수님은 십자가 위에서 "다 이루었다"고 선포하셨다. 예수님의 십자가는 패배가 아닌 완전한 승리였다. "담대하라 내가 세상을 이기었노라"(요 16:33).

하지만 '기독교는 승리의 종교다'라는 말은 어떤 이들에게 오해나 반감을 일으킬 수도 있다. 왜냐하면 '승리'라는 개념을 자칫 세속적인 성공인 돈, 건강, 권력의 개념으로 이해할 수 있기 때문이다. 혹자는 번영신학을 떠올릴 수도 있을 것이다. 그러나 기독교의 승리는 세상의 승리와 본질적으로 다르다. 그것은 '십자가를 통한 승리'이다. 예수 그리스도께서 십자가를 통해 죄와 사망과 사탄을 이기셨기에 우리는 승리할 수 있다. 그러므로 기독교의 승리는 고난 속에서도 믿음을 지켜내는 승리이다.

미국 독립전쟁 초기에 조지 워싱턴(George Washington) 장군이 이끄는 군대는 영국 군대에 의해 여러 번 패배를 겪었다. 워싱턴의 군대는 뉴욕에서 패배한 후 허드슨 강을 건넜고, 1777년 겨울, 필라델피아를 점령당해 병사 1만 2천 명과 함께 혹독한 추위를 견디며 벨리포지(Valley Forge)에서 겨울을 나기로 했다. 그들은 패잔병들이었다. 굶주림과 질병, 보급 부족으로 사기는 바닥이었고 사망자도 속출했다. 그러나 워싱턴은 포기하지 않고 병사들과 함께 머물며 지도자로서 모범을 보였고, 그의 존재는 병사들에게 정신적 기둥이 되었다. 그리고 이때 독일 출신 군사교관 프리드리히 폰 스튜벤(Friedrich von Steuben)이 찾아와 체계적인 훈련을 시작했다. 점점 병사들의 힘과 사기는 회복되기 시작했고, 군대는 다시금 강한 군대로 일어서게 되었다. 그들은 아직 실전을 치르지 않았지만, 이미 그 겨울에 '내면의 승리'를 얻은 것이다. 그리고 이곳에서의 인내와 훈련은 이후 독립전쟁의 결정적 전환점이 되었다. 봄이 찾아왔을 때, 워싱턴의 군대는 마침내 전세를 뒤집고 진정한 승리를 거두었다.

벨리포지의 승리는 오늘날 우리의 영적 전투와도 닮아 있다. 우리는 세상을 살면서 얼마든지 패배할 수 있다. 그러나 보이지 않는 내면의 싸움에서 이기는 것이 진짜 승리이다. 하나님이 침묵하실 때조차 주님을 신뢰하며 버티는 것, 그것이 믿음의 승리다.

목회를 하며 깨달은 것 중 하나는 '이기는 신앙'을 가진 사람과 '지는 신앙'을 가진 사람이 있다는 사실이다. 이기는 것도 습관이고,

지는 것도 습관이다.

언젠가 박물관에서 〈승리의 여신; 니케〉라는 조각상을 본 적이
있다. 기쁨이 충만하여 나는 형상이었다. 니케(Nike)는 그리스 신화
에 나오는 승리의 여신으로, 전쟁에서 이긴 자에게 축복을 내리고
경기장에서 우승한 자에게 월계관을 씌워준다. 우리가 잘 알고 있
는 미국 스포츠 브랜드 '나이키'의 브랜드명도 여기서 나온 것이다.
고대로부터 승리는 곧 명예와 힘, 정복을 의미했으며, 그 중심에는
항상 '나'가 있다.

그러나 성경이 말하는 승리는 '나의 승리'가 아니라 '예수 그리스
도의 승리'다. 그분은 죄와 사망, 저주와 싸워 이기셨고, 마귀를 정
복하셨다. 그러므로 성경의 승리는 단지 전쟁이나 권력의 승리가
아니라, 하나님이 인간을 구원하시고 그분의 뜻을 이루시는 영적·
구속적 승리다. 그것은 일시적이거나 자기중심적인 승리가 아니라,
하나님의 성품과 계획에 기초한 영원한 승리다.

오늘날 한국 사회에는 '조용한 패배주의'가 퍼져 있다. 젊은 세대
들이 말하는 '3포', '5포', '7포'는 해도 안 된다는 자조를 표현한다.
안타깝게도 교회마저 이런 패배주의가 스며들고 있다. 한국 교회의
여러 통계와 현실이 낙심을 불러오면서, 목회자와 평신도 모두 '요
즘은 다 힘들다', '해도 안 된다'는 말로 스스로를 위로하며 패배를

인정하는 분위기다. 물론 통계는 사실이다. 그러나 사실은 사실일 뿐이다. 우리는 종종 보이는 사실 때문에 낙심하지만, 하나님의 진실은 그 너머에 있다.

십자가는 로마 제국의 형틀이라는 '사실'이지만, 그것은 인류를 구원하신 길이라는 '진실'이 되었다. 지금 당신이 실패한 것처럼 보일 수 있다. 그것이 '사실'일 수는 있다. 그러나 하나님은 아직 "끝"이라고 말씀하지 않으셨다. 그분의 진실은 여전히 당신을 향한 계획 속에 있다. 승리는 사실을 넘어 진실을 믿는 자에게 주어진다.

'이기는 신앙'의 주체는 내가 아니라 예수 그리스도이시다. 이것이 바로 하나님의 승리다. 성경은 이기는 자에게 '생명의 면류관'을 약속하셨다. "네가 장차 받을 고난을 두려워 말라 볼찌어다 마귀가 장차 너희 가운데서 몇 사람을 옥에 던져 시험을 받게 하리니 너희가 십일 동안 환난을 받으리라 네가 죽도록 충성하라 그리하면 내가 생명의 면류관을 네게 주리라"(계 2:10, 개역한글).

여기서 "생명의 면류관을 주리라"는 원어적으로 "생명을 면류관으로 주리라"라는 뜻이다. 인간은 창조 때 하나님께 생명을 받았지만, 불순종으로 인해 타락하며 그 생명을 잃었다. 그러나 타락한 인간에게 오신 하나님의 아들 예수 그리스도 안에서 생명은 회복되었다. 요한은 예수 그리스도를 믿는 자에게 그 생명이 다시 주어진다고 증언한다.

그렇다. 우리는 이미 이긴 전쟁을 치르고 있으며, 그리스도와 함께 승리를 약속받은 자들이다. 우리에게는 이미 생명을 면류관으로 주셨다. 영원한 생명을 소유한 우리는 오늘도 승리의 개선가를 부르며 전진할 수 있다.

I

승리를 위한 자세

✦

승리란 단순히 목표를 달성하거나 경쟁에서 이기는 것만을 의미하지 않는다. 진정한 승리는 내 안에서 시작된다. 마음과 태도, 신앙과 관계, 그리고 삶의 선택 속에서 형성되는 내적 변화가 있어야 비로소 외적인 승리로 이어진다.

우리 시대는 결과와 성취를 중시하지만, 그 과정에서 놓치기 쉬운 것이 있다. 그것은 바로 승리를 위한 올바른 자세다. 승리의 길은 편하고 쉬운 길이 아니다. 때로는 내 욕망과 싸워야 하고, 실패 앞에서 일어나야 하며, 인간관계 속에서 인내와 겸손을 배워야 한다.

십자가로 승리할 줄 아는 자는 자기 자신을 내려놓고 하나님의 뜻에 순복할 줄 아는 사람이다. 이기는 자는 좌절을 넘어 실패를 딛고 일어서는 성장의 계기로 삼는다. 사랑으로 승리하는 사람은 관계 속에서 이해와 용서를 실천하며, 변화된 삶으로 세상을 새롭게 만든다.

이제 우리는 '승리를 위한 자세'를 갖추고, 내면과 삶의 현장에서 실제로 승리하는 법을 배워야 한다. 각 장에서 다루는 이야기와 원리들을 통해, 단순한 성공이 아닌 참된 승리를 향한 길을 발견할 수 있을 것이다.

1.
이기는 마음으로 승리하라

위기에도 행진하는 마음

'이기는 신앙'은 '이기는 마음'에서 나온다. 이기는 신앙을 가지길 원한다면 실패와 패배 의식에 사로잡힌 마음부터 버려야 한다.

이 책을 읽는 독자라면 'IMF 사태'를 기억할 것이다. 그 시기에 나는 미국에서 유학 중이었다. 1달러 환율이 900원에서 2,000원까지 치솟자 유학생들은 그야말로 큰 혼란에 빠졌다. 하지만 그런 중에도 예상치 못한 방법으로 하나님이 도우셨기에 그 어려웠던 시간도 결국 지나왔다. 학교에서 생각지도 않은 장학금을 받는 일도 있었고, 어떤 때는 아파트 문 앞에 100달러가 든 봉투가 놓여 있기도 했다. 섬기던 교회 교인들도 여러모로 도와주었다. 그렇게 IMF의 파고 속에서도 무사히 모든 학기를 마칠 수 있었다.

그 후 10년이 지난 2008년에는 '세계 금융 위기'가 찾아왔다. 미국의 서브프라임 모기지 문제로 시작된 위기가 세계 경제 전반으로 번졌다. 저마다 이젠 끝이라고들 말했지만, 그 위기도 지나갔다. 그로부터 10년 뒤에는 '코로나19'가 전 세계를 덮쳤다. 이번에는 진짜 큰일 났다고 생각했다. 교회는 현장 예배조차 드릴 수 없었고, '이제는 정말 무너진다'는 절망감이 팽배했다. 그러나 코로나19도 극복했다. 신일교회는 그 시기에도 "세이레 특별새벽부흥회"를 이어갔고, 전도집회인 "새생명축제"도 멈추지 않았다. 가족을 전도 대상으로 삼아 직접 찾아가 영상을 보여주며 복음을 전했고, 교회에서 준비한 선물을 복음과 함께 전달했다. 결국 '얼마든지 할 수 있다'는 확신을 얻게 되었다.

온통 하나님뿐인 믿음

하지만 코로나19를 지나면서 사람들의 마음은 지쳐 갔다. 극심한 의기소침과 패배감이 만연했다. '안 된다'는 부정적인 의식이 교회 안에도 퍼졌다. 실제로 2020년부터 2년간 약 4천 개의 한국 교회가 교인 수 감소와 재정난으로 문을 닫았다는 보도가 있었다. 그런데 더 큰 문제는 교인들과 목회자들조차 패배의식에 사로잡혔다는 점이었다. "현장 예배가 안 된다. 집회가 안 된다. 다음세대도 안 된다. 전도도 안 된다. 소그룹도 안 된다. 헌금도 안 드린다." 무엇을 해도 안 된다는 생각이 가득했다.

마음이 중요하다. 잠언 4장 23절에서 솔로몬은 이같이 말한다. "모든 지킬 만한 것 중에 더욱 네 마음을 지키라 생명의 근원이 이에서 남이니라." 예수 믿는 사람은 '나는 세상에서 결코 패배하지 않는다'는 마음을 가져야 한다. 하나님과 세상이 맞붙었을 때, 언제나 하나님이 이기신다는 믿음이 있기 때문이다. 어려운 소식을 들을 때마다 마치 우리 가정이 망할 것처럼, 마치 우리 교회가 당장 문을 닫을 것처럼 생각하는 마음을 경계해야 한다.

"우리가 사방으로 욱여쌈을 당하여도 싸이지 아니하며 답답한 일을 당하여도 낙심하지 아니하며"(고후 4:8).

여기에서 주목해야 할 사실이 있다. 세상에는 마음이 강한 사람들이 많다. 신념 하나로 버티는 사람들도 있다. 그러나 이기는 신앙을 위해 필요한 마음은 바로 '이기는 믿음'이라는 점이다. '이기는 마음'은 곧 '이기는 믿음'이다. 소년 다윗이 거인 골리앗과 겨루어 이길 수 있었던 것은 단순히 용기나 기술 때문이 아니었다. 하나님이 골리앗보다 크시다는 믿음을 가졌기 때문이다. 다윗은 그 믿음으로 승리했다.

환경보다 크신 하나님, 문제보다 크신 하나님, 고난보다 크신 하나님을 믿는 것이 곧 승리의 길이다. 이기는 신앙은 이기는 마음에서 나온다. 그러므로 이기는 마음을 가지라.

| 나눔 질문 |

✦ 인생은 예기치 못한 위기의 반복일 때가 많습니다. 지난 위기 속에서 경험한 하나님의 도우심이 지금 내 믿음에 어떤 힘이 되고 있습니까?

✦ 내 마음속에 자리 잡은 '안 된다'는 패배의식은 어떤 모습으로 드러납니까? 그 마음을 어떻게 믿음으로 바꾸어갈 수 있습니까?

✦ 다윗처럼 '하나님은 내 문제보다 크시다'는 믿음을 내 상황에 어떻게 적용할 수 있습니까? 하나님을 더 크게 바라볼 수 있는 방법은 무엇입니까?

2.
성공하기보다 승리하라

성공을 지향하는 시대

오늘 우리 시대는 성공을 추구하는 시대임이 분명하다. 사람들은 저마다 성공에 눈이 멀어 달려가기 바쁘다. 물론 성공 자체가 나쁜 것은 아니다. 그러나 성경은 성공에 큰 비중을 두지 않는 듯하다.

흥미롭게도 '성공'이라는 단어는 성경에 단 두 번 등장한다. "하나님은 교활한 자의 계교를 꺾으사 그들의 손이 성공하지 못하게 하시며"(욥 5:12). "철 연장이 무디어졌는데도 날을 갈지 아니하면 힘이 더 드느니라 오직 지혜는 성공하기에 유익하니라"(전 10:10). 그리고 '실패'라는 단어는 단 한 번 등장한다. "그들의 넘어짐이 세상의 풍성함이 되며 그들의 실패가 이방인의 풍성함이 되거든 하물며 그들의 충만함이리요"(롬 11:12).

그렇다면 왜 성경에 성공이나 실패라는 단어가 거의 등장하지 않을까? 몇 가지 이유를 생각해볼 수 있다.

첫째, 성경은 결과보다 과정을 중요하게 여긴다. 성경이 말하는 '성공'은 히브리어로 '카쉐르'인데, 이는 '바르다', '알맞다'라는 의미다. 즉, 무조건 성공했다고 다 옳은 것이 아니라는 뜻이다. 단순히 결과만 좋다고 해서 괜찮은 것이 아니다.

우리 속담 가운데 이와 정면 배치되는 속담이 있다. "모로 가도 서울만 가면 된다." '모로'라는 말은 '비껴서', '옆쪽으로'라는 의미다. 성경은 '모로 가서 서울을 가면 안 된다'라고 말한다. 결과만 좋으면 과정은 상관없다는 식은 적절하지 않다. 과정도 옳아야 한다. 바로 가야 한다. "꿩 잡는 것이 매다"라는 태도도 성경적이지 않다. 방법이야 어떻든 결과만 좋으면 된다는 사고방식은 성경과 맞지 않는다. 성공하는 것보다 승리하는 것이 중요하다.

둘째, 성경은 관계 중심이다. 성경에 나오는 성공과 실패 기준은 세상의 기준과 다르다. 성경에서 말하는 실패는 어떤 목표의 미성취가 아니라 하나님을 떠난 상태를 의미한다. 반대로 성경적 성공은 하나님과의 올바른 관계에 있다. 창세기 39장 2-3절에서는 "여호와께서 요셉과 함께 하시므로 그가 형통한 자가 되어 그의 주인

애굽 사람의 집에 있으니 그의 주인이 여호와께서 그와 함께 하심을 보며 또 여호와께서 그의 범사에 형통하게 하심을 보았더라"라고 말씀한다. 요셉은 히브리 노예 신세에 처했지만, 성경은 그를 '형통한 자'라고 부른다. 논리적으로는 맞지 않는 표현이다. 그러나 이것이 가능한 이유는 요셉이 하나님과의 관계를 놓치지 않았기 때문이다. 세상의 눈에 보이는 성공 여부가 아니라, 하나님과 동행하는 것이 성경적 성공이라는 사실을 보여준다.

셋째, 성경은 성공보다 순종과 믿음의 승리를 원한다. 여호수아가 여리고성을 무너뜨린 것은 그의 용맹이나 전술, 무기 때문이 아니었다. 그와 백성들이 한 일은 하나님의 말씀에 순종하여 매일 침묵으로 성을 한 바퀴씩 돌고, 마지막 날에는 일곱 바퀴를 돌며 크게 외친 것뿐이었다. 결국 여리고성이 무너진 것은 순종의 결과였고, 하나님의 능력 때문이었다. 성경은 성공보다 하나님께 순종하며 믿음으로 반응하는 승리를 원하신다는 사실을 분명히 보여준다.

승리를 지향하는 신앙인

한번은 할렐루야교회의 원로목사이신 김상복 목사님의 신앙 간증을 읽으며 큰 감동은 받은 적이 있다. 목사님의 고향은 북한 평양이었는데, 당시 온가족이 평양의 산정현교회를 다닐 때였다. 아버지는 바쁜 사업가였고, 어머니는 9남매를 돌보며 아침저녁으로 가정예배를 드리셨다. 아침에 아이들이 일어나지 않으면 어머니는 방문을 열고 깨워서 예배를 드리게 하셨다. 그렇게 예배하는 삶이 몸에 배어 있었다.

그러던 중 일제 강점기에 신사참배 문제를 맞닥뜨리게 되었다. 신사참배란 일본 천황에게 절하는 것을 말한다. 당시 많은 아이들이 신사참배를 당연하게 여겼지만, 어머니는 절대로 허락하지 않으셨다. 전교생이 매일 아침 신사참배를 했지만, 목사님과 누이동생만은 허리를 굽히지 않았다. 해방 이후 북한에 공산정권이 들어서면서 박해는 더 심해졌다. 교회에 다니는 학생들은 늘 괴롭힘을 당했다. 주일에 학교에 나오지 않으면 월요일 아침마다 교실 앞으로 불려 나가 학생들 앞에서 몽둥이와 회초리로 맞아야 했다. 토요일마다 교회에 다닌다는 이유로 학생들 앞에서 자아비판을 하며 수치를 당해야 했다. 처음에는 주일 등교를 거부한 학생이 7, 8명이나 되었지만, 졸업 무렵에는 목사님과 송해용이라는 친구 단 두 명만 남았다.

어느 날, 목사님은 출교를 강요하는 선생님에게 쇠몽둥이로 맞아 다리를 절며 한나절을 걸어 집으로 갔다. 아들이 걱정된 어머니는 동구 밖까지 한걸음에 찾아오셨다. 아들의 결단을 들은 어머니는 "장하다, 내 아들 정말 잘했다"라며 빨간 사과 하나를 상으로 주셨다. 목사님의 어머니는 늘 "몸은 죽여도 영혼은 능히 죽이지 못하는 자들을 두려워하지 말고 오직 몸과 영혼을 능히 지옥에 멸하실 수 있는 이를 두려워하라"(마 10:28)라는 말씀을 들려주셨다. 이런 과정을 지나며 목사님은 끝내 믿음을 지키는 데 승리했다.

| 나눔 질문 |

+ 나는 '성공'과 '승리' 중 무엇을 더 추구하며 살고 있습니까? 결과보다 과정을 바르게 지킨 경험을 나누어 보세요.

+ 이기는 마음은 끊임없이 도전하고 끝까지 싸우는 태도에서 나옵니다. 내 힘이 아니라 하나님의 능력에 순종함으로 승리를 경험한 적이 있습니까?

+ 최근 포기하고 싶은 순간이 있었다면 그때 하나님이 주신 말씀은 무엇이었습니까? 내게 주어진 도전을 계속하기 위해 어떤 마음가짐이 필요합니까?

3.
십자가로 승리하라

욕망을 내려놓는 기도

신학은 크게 '인식론적 신학'과 '하나님 주권적 신학'으로 나눌 수 있다. 인식론적 신학은 인간의 이성과 경험을 우선시한다. 처음에는 이해하기 쉽고 공감도 되지만, 인간의 이성과 경험을 넘어서는 문제 앞에서는 한계에 부딪힌다. "왜 사랑의 하나님이 인간에게 고통을 허락하시는가?" "왜 세상에는 부조리가 이렇게 많은가?" 이런 질문들은 이성과 경험만으로는 설명할 수 없다. 이때 필요한 것이 바로 '하나님의 주권'이다.

하나님 주권적 신학은 모든 것을 하나님의 계시 안에서 해석한다. 하나님은 자신의 뜻과 주권으로 인간의 생사와 흥망을 주관하신다. 성공과 실패, 건강과 질병, 부와 빈곤 등 모든 것이 그분의 손 안에 있다. 그리고 그 모든 과정 속에서 하나님은 결국 자신의 백성을 지키시며 승리하게 하신다. 이 사실을 믿는 것이 곧 신앙이다.

하나님의 주권을 믿을 때 우리의 태도가 달라진다. 믿음은 나의 나라를 세우는 것이 아니라 하나님의 나라를 세우는 것이다. 그러기에 내 생각과 의지, 내 경험과 욕망을 내려놓고 하나님의 뜻에 순종해야 한다. 특히 욕망은 끊임없이 올라오기에 분투가 필요하다. 나의 주도권을 내려놓고, 날마다 주님의 뜻에 복종하는 싸움을 이어가야 한다.

기도 역시 마찬가지다. 기도는 단순히 소원을 비는 것이 아니라, 나의 욕망을 하나님의 뜻에 맞게 다듬어 가는 과정이다. 최근 신학계에서 두각을 나타내고 있는 여성 신학자 사라 코클리(Sarah Coakley)는 그의 책 《십자가》(비아)에서 이렇게 말한다. "우리는 우리 안에 있는 가장 깊은 갈망, 허름하고 비뚤어진 마음속 깊은 곳의 비밀을 깨닫고, 그것을 생명의 원천이신 분께 돌려드림으로써 기도합니다. 산만한 일상 속에서 안식함으로써, 얽히고설킨 욕망을 하나님께 고요히 넘겨드림으로써 기도합니다."

솔직히, 우리의 기도는 욕망으로 가득할 때가 많다. 과연 우리에게 욕망 없는 기도가 가능하기는 할까? 그러나 성경은 이런 기도를 경고한다. "구하여도 받지 못함은 정욕으로 쓰려고 잘못 구하기 때문이라"(약 4:3).

기도는 세상에 대한 욕망을 하나님에 대한 갈망으로 바꾸는 힘이다. 하나님이 죄성으로 물든 우리의 욕망을 거룩하게 변화시키실 때, 우리는 하나님께 가까이 나아갈 수 있다. 기도 속에서 우리는 우리 자신의 문제에 몰두하기를 멈추고 오직 하나님만 갈망하게 된다. 그러기 위해서 우리는 '간구를 위한 간구'를 해야 한다. 마음의 정욕을 버리고 온전히 하나님만 바라보고 갈망할 수 있도록, 먼저 우리의 마음을 만져 달라는 기도가 필요하다. "하나님, 제 마음이 욕망으로 가득 차 있습니다. 제 욕망마저 주님의 뜻 앞에 순복하게 하소서. 제 욕망이 하나님을 향한 갈망으로 바뀌게 하소서."

이런 기도가 바로 성숙한 기도다. 결국 하나님이 원하시는 기도는 나의 욕구와 필요조차 내려놓을 수 있는 기도다. 왜 우리가 기도하는가? 기도 제목이 있기 때문이다. 보통 기도 제목에는 소원이나 욕구가 반영되기 마련이다. 그런데 이마저도 하나님의 뜻에 순복할 수 있도록 기도하는 성숙함이 필요하다. 예수님께서 겟세마네에서 드린 기도가 그 본이다.

"이르시되 아빠 아버지여 아버지께는 모든 것이 가능하오니 이 잔을 내게서 옮기시옵소서 그러나 나의 원대로 마시옵고 아버지의 원대로 하옵소서 하시고" (막 14:36).

죽음으로 맞는 승리

언젠가 신문에서 유명 연기자의 인터뷰 기사를 읽은 적이 있다. 그는 "연기하면서 가장 어려운 연기가 무엇이었습니까?"라는 기자의 질문에 이같이 답했다. "가장 어려운 연기 중 하나는 죽는 연기입니다." 죽은 자는 숨을 멈추고, 미동조차 없어야 하기 때문에 쉽지 않다는 것이다. 생각해 보면, 제자도의 길도 죽음 훈련이다. 사도 바울은 이렇게 고백한다.

"내가 그리스도와 함께 십자가에 못 박혔나니 그런즉 이제는 내가 사는 것이 아니요 오직 내 안에 그리스도께서 사시는 것이라 이제 내가 육체 가운데 사는 것은 나를 사랑하사 나를 위하여 자기 자신을 버리신 하나님의 아들을 믿는 믿음 안에서 사는 것이라" (갈 2:20).

바울은 "내가 그리스도와 함께 십자가에 못 박혔다"라고 말한다. 그렇다면 바울이 말한 이 죽음은 무엇을 의미할까? 도대체 나의 무엇이 죽었다는 것일까?

첫째, 나의 죄가 십자가에 못 박혀 죽었다. 그리스도와 함께 십자가에 못 박힌 사람은 날마다 죄에 대해 죽은 사람이다. 더 이상 죄가 지배하지 못한다. 바울도 이에 대해 분명히 밝히고 있다.

"그런즉 우리가 무슨 말을 하리요 은혜를 더하게 하려고 죄에 거하겠느냐 그럴 수 없느니라. 죄에 대하여 죽은 우리가 어찌 그 가운데 더 살리요. 무릇 그리스도 예수와 합하여 세례를 받은 우리는 그의 죽으심과 합하여 세례를 받은 줄을 알지 못하느냐"(롬 6:1-3).

둘째, 나의 정욕이 십자가에 못 박혀 죽었다. 존 맥아더 목사는 "그리스도인이 육체의 욕망에 대적하는 가장 효과적인 방법은 욕심이 내 안에서 굶어 죽도록 내버려 두는 것"이라고 했다. 제자도의 길은 십자가에서 정욕을 죽이는 것이다. 우리는 십자가에서 그리스도와 함께 죽음으로 정과 욕심이 죽은 자들이다. 여전히 욕망이 살아 있다면 영적 실패는 피할 수 없다.

셋째, 나의 자아가 십자가에 못 박혀 죽었다. 주님은 "또 무리에게 이르시되 아무든지 나를 따라오려거든 자기를 부인하고 날마다 제 십자가를 지고 나를 따를 것이니라"(눅 9:23)라고 말씀하셨다. 자기를 부인하는 것은 곧 내 성질과 혈기를 부인하는 것이다. 하지만 내 안에는 여전히 죽지 못한 혈기가 있다. 나는 나이가 들면 욱하는 성질이 저절로 온유하게 바뀌는 줄 알았다. 최근 기사에 따르면 우리나라 노인들의 분노가 점점 심해지고 있다고 한다. 이는 나이에 상관없이 끊임없이 자아가 살아 있음을 보여준다.

목회에서 가장 필요하면서도, 가장 어려운 것이 바로 이 자아를 죽이는 일이다. 왜냐하면 아무리 시간이 지나도 자아는 여전히 살아 꿈틀거리기 때문이다. 그런데 성도 한 사람 한 사람을 진심으로 사랑하려면, 자신의 감정, 성질, 의지를 십자가에 못 박을 때에야 비로소 가능함을 깨달았다. 제자도란 결국 내가 그리스도와 함께 십자가에 못 박힘으로 주님이 내 안에 사시는 것이다.

오늘도 제자훈련생들을 위해 기도하면서 이렇게 고백한다. "하나님, 제가 성도 한 사람 한 사람을 사랑할 수 있게 해주세요." 주님의 십자가를 묵상하며 매일 나 자신을 그리스도와 함께 십자가에 못 박는 훈련을 계속한다. 그런 의미에서 제자 됨은 여전히 진행형이다. 그러나 동시에 우리는 이미 그리스도 안에서 승리한 사람들이다. 그 승리가 오늘을 살아가는 우리를 지탱한다.

✦ 하나님의 주권을 믿는 신앙과 인간의 이성에 의존하는 신앙은 어떻게 다릅니까?

✦ 욕망은 기도 속에서 어떤 모습으로 드러나곤 합니까? 욕망이 하나님을 향한 갈망으로 바뀌려면 어떤 기도를 드려야 합니까?

✦ "그리스도와 함께 십자가에 못 박혔다"라는 바울의 고백이 내 삶에서 어떤 의미입니까? 지금 내 삶에서 가장 치열하게 십자가에 못 박아야 할 것은 죄, 정욕, 자아 중 무엇입니까?

4.
실패를 딛고 일어서서 승리하라

일곱 번 넘어질지라도

중국 청나라 말, 태평천국의 난이 일어났다. 아편전쟁으로 인해 거액의 배상금을 지불해야 했던 청나라는 가혹한 세금 징수로 농민들의 생활이 극도로 피폐해진 상태였다. 이때 홍수전이라는 인물이 '지상천국을 건설한다'는 명분으로 농민들을 선동해 난을 일으켰다. 이를 진압한 장수가 바로 증국번이었다.

　처음에는 증국번도 반란군을 제압하지 못하고 전쟁에서 계속 패배했다. 그런데 함풍제 황제가 이전 장수들과는 달리 그를 곧바로 처형하지 않았다. 이유가 무엇이었을까? 증국번 이전의 장수들은 황제에게 '연전연패'(連戰連敗)라고 보고했지만, 증국번은 '연패연전'(連敗連戰)이라고 보고했다. '연전연패'는 '전쟁하고 있지만 계속 지고 있다'는 의미이고, '연패연전'은 '지고 있지만 계속 싸우고 있다'는 뜻이다. 증국번의 보고를 받은 황제는 그의 용기에 감탄하며 증원군을 보냈다. 결국 증국번은 황제의 신임과 지원을 힘입어 태평천국의 난을 제압하게 된다.

인간은 어떤 존재일까? 한자의 '인'(人)을 보면 두 개의 획이 서로를 받치고 있다. 이는 인간이 '넘어지는 존재'임을 상징하는 것이 아닐까? 아이가 걸음마를 배울 때도 2천 번 이상 넘어지면서 걷는 법을 익힌다고 한다. 넘어짐은 성장과 배움의 과정인 것이다.

지혜의 왕 솔로몬은 잠언 24장 16절에서 "대저 의인은 일곱 번 넘어질지라도 다시 일어나려니와 악인은 재앙으로 말미암아 엎드러지느니라"라고 말한다. 의인도 넘어질 수 있지만, 그럼에도 다시 일어선다고 교훈한다. 하나님의 사람도 실패할 수 있다. 하지만 성경은 우리가 실패했더라도 다시 일어나야 함을 가르친다.

여호수아 7장을 보면, 이스라엘 백성이 가나안 정복 중 아이 성 전투에서 실패한다. 흔히 우리는 여리고 성에 비해 아이 성은 작다고 생각하는데 사실 그렇지 않다. 성경은 아이 성의 인구를 1,200명으로 기록하고 있다. "그 날에 엎드러진 아이 사람들은 남녀가 모두 만 이천 명이라"(수 8:25). 성경고고학자의 말에 의하면 아이성은 24,300평 정도였다고 한다. 이에 반해 여리고 성은 7,300여 평으로 아이 성의 3분에 1에 불과했다. 여리고 성 전투에서 승리한 여호수아가 군사 3천 명만 보내 아이 성을 공격했지만 참패하고 만다. 그때 하나님께서 여호수아에게 말씀하신다. "여호와께서 여호수아에게 이르시되 일어나라 어찌하여 이렇게 엎드렸느냐"(수 7:10).

하나님은 여호수아가 넘어진 그 자리에 찾아 오셨다. 크게 좌절한 여호수아에게 다시금 일어서라고 말씀하신다. 의인은 반드시 일어나야 한다.

다시 일어서는 비결

서울대학교 야구부는 1977년 창단 이래 단 한 번도 이기지 못했다. 200번의 경기를 치르면서 늘 지는 팀이었다. 사람들은 서울대 야구부와의 경기를 대수롭지 않게 여겼고, 어떤 심판은 "어차피 질 텐데 빨리 끝내자"라며 견제구조차 허락하지 않았다고 한다. 그만큼 철저히 무시당하는 팀이었다.

그런데 2004년 9월 1일, 27년 만에 201번째 경기에서 광주 송원대를 상대로 첫 승을 거두었다. 199패 1무 뒤에 찾아온 단 한 번의 승리였다. 그들은 이를 통해 "이긴 적이 없다고 이길 수 없는 것은 아니다"라는 사실을 증명해냈다. 오랜 시간 참고 버틴 자만이 성취할 수 있는 결과였다. 이 사례는 복음 전도에도 그대로 적용된다.

실패를 딛고 승리하려면 어떻게 해야 할까?

첫째, 이전의 실패를 잊어라. 투견은 싸움에서 한 번 패하면 제대로 기량을 발휘하지 못한다. 특히 같은 상대를 만나면 싸우기도 전에 꼬리를 내린다고 한다. 왜냐하면 패배의 경험이 머리 깊숙이 박혀 있기 때문이다. 사람도 마찬가지다. 실패를 반복하면 더 위축되기 쉽다.

가장 좋은 방법은 실패를 잊는 것이다. 실패를 잊고 새로운 마음으로 도전할 계기를 마련하는 것이 중요하다. 맞는 것을 두려워해서는 훌륭한 복서가 될 수 없듯, 실패를 두려워한다면 승자가 될 수 없다. 전설적인 보험왕으로 불리는 토니 고든(Tony Gordon)은 "과거의 실패가 미래의 성공에 걸림돌이 되지는 않는다"라고 말한 바 있다. 바울은 고백도 우리에게 커다란 도전을 준다.

"형제들아 나는 아직 내가 잡은 줄로 여기지 아니하고 오직 한 일 즉 뒤에 있는 것은 잊어버리고 앞에 있는 것을 잡으려고 푯대를 향하여 그리스도 예수 안에서 하나님이 위에서 부르신 부름의 상을 위하여 달려가노라"(빌 3:13-14).

둘째, 패배하지 않는 힘이 자신에게 있지 않음을 기억하라. 실패했을 때 다시 일어나는 힘은 하나님께 있다. 시편 37편 24절을 상기해 보자. "그는 넘어지나 아주 엎드러지지 아니함은 여호와께서 그의 손으로 붙드심이로다." 지금까지도 그래왔지만 앞으로도 넘어지고 쓰러질 수 있다. 하지만 다시 일어날 수 있다. 아니 다시 일어나야 한다.

신자가 칠전팔기할 수 있는 것은 하나님이 붙들어 주시기 때문이다. 신자는 하나님의 손에 붙들린 자이다. 하나님이 함께하시기에 실패 가운데서도 다시 일어설 수 있다. 이것이 바로 '이기는 신앙'이다.

| 나눔 질문 |

✦ 최근 내 삶에서 넘어졌거나 실패한 경험은 무엇입니까? 그때 나는 어떻게 반응했습니까?

✦ 실패를 반복하는 과정에서 무엇이 중요하다고 생각합니까? 나는 실패를 잊고 다시 일어설 때 하나님을 얼마나 의지합니까?

✦ 실패할 때마다 하나님이 나를 붙들어 주신다는 믿음을 구체적으로 어떻게 적용할 수 있습니까?

5.
사랑으로 승리하라

창조로 시작된 관계

교계 원로 목사님께서 후배 목사들에게 이런 말씀을 하신 적이 있다. "목회자는 사람을 알아야 합니다." 곧 인간 이해가 중요하다는 말이다. 당시에는 그 의미를 충분히 알지 못했지만, 목회를 하면서 인간 이해의 중요성을 깊이 깨닫게 된다. 하나님을 알고 이해하는 만큼 인간 이해도 목회 현장에서 결코 간과할 수 없는 핵심이다.

하나님이 천지창조에서 가장 심혈을 기울인 피조물은 다름 아닌 인간이다. 하나님은 인간을 창조하시면서 몇 가지 특성을 부여하셨다.

첫째, 인간은 하나님의 형상을 닮은 존재로, 삶과 성품에서 하나님의 모습이 드러나도록 창조되었다.

> "하나님이 자기 형상 곧 하나님의 형상대로 사람을 창조하시되 남자와 여자를 창조하시고"(창 1:27).

인간은 인간만이 가지는 영혼의 고유한 능력이 있어, 하나님을 생각하고 선악을 판단하도록 창조되었다. 그리고 인간은 시작부터 하나님과 관계를 맺는 존재로 창조되었다. 그뿐 아니라 다른 사람 즉, 이웃과 관계를 맺어, 내면의 상처와 외로움이 관계를 통해 회복되도록 창조되었다.

이처럼 하나님에 대한 지식과 인간에 대한 지식은 서로 관계가 있다. 자기 자신을 알지 못하면 하나님을 알 수 없고, 하나님을 알지 못하면 자신을 이해할 수 없다. 그런 의미에서 성경이 말하는 사람은 항상 '관계 안에 있는 존재'다.

둘째, 인간은 하나님과의 관계 유무를 통해 삶과 죽음이 결정되도록 창조되었다. 곧 하나님과의 관계는 우리의 생사(生死)와 직결된다. 하나님과 관계를 맺으면 생명의 근원과 연결되어 살아 있다는 것이고, 하나님과 분리되면 생명의 근원에서 끊어져 죽었다는 것이다. 인간은 죄로 인해 하나님과 분리되어 영적 죽음과 육체적 죽음에 직면했지만, 예수 그리스도의 대속적 죽음을 통해 생명을 얻었다.

셋째, 인간은 다른 사람들과 관계하는 것과 동일한 방법으로 하나님과 관계하도록 창조되었다. 다른 사람과 관계하는 방식과 하나님과 관계하는 방식은 상호 영향을 준다. 인간은 관계적인 존재이기에, 사랑할 때 가장 인간적이 된다. 관계 속에서 나타나는 인간의 본질적 요구는 사랑이다. "사랑하면 누구나 시인이 된다"라는 플라톤의 말처럼, 무뚝뚝한 사람이라도 사랑을 하면 시가 나온다. 이것이 사랑의 힘이다.

원태연 시인의 짧은 시 한 편을 소개한다.

"넌 가끔가다 내 생각을 하지. 나는 가끔가다 딴 생각을 해."

몇 마디 싯구에 담긴 진솔함이 꽤 인상적이었다. 한편으로는 하나님이 내게 하시는 말씀처럼 들려서 하나님의 사랑이 느껴졌다.

"권희야, 너는 나를 가끔 생각하지? 그런데 나는 가끔 딴 생각을 해."

"권희야, 너는 나를 가끔 생각하지? 나는 너를 한 순간도 생각하지 않은 적이 없어."

관계로 알게 된 사랑

하나님은 세상과 인간을 창조하시고 그들과의 관계 속으로 들어가신다. 그런데 범죄한 이후 이 관계 가운데 두 가지 오류가 나타난다. 하나는 미신이고 다른 하나는 우상숭배다. 미신은 우상숭배와 결합되어 있고, 우상숭배는 미신을 구체화한다. 즉, 죄인들은 하나님의 계시를 떠나 자기 마음대로 상상하는 미신 속에 살면서 하나님보다 피조물을 더 사랑하게 된다. 이로써 자기중심적인 교만 가운데 살게 된다.

반면 하나님과 깊은 관계를 맺으면 하나님을 사랑하게 된다. 하나님을 사랑하기 때문에 하나님의 마음을 알게 된다. 하나님의 마음을 알기 때문에 용서하고 용납할 수 있는 능력을 갖게 된다. 하나님이 그 사람을 얼마나 사랑하는지 알기 때문에 다른 사람을 함부로 할 수 없다. 오히려 그를 존중하고 섬기게 된다. 참게 된다. 나를 미워하는 사람도 사랑하려고 노력하게 된다.

이렇게 '자기부정'으로 자기 욕구를 버리고 순화시키면서 하나님과의 관계 속으로 들어간다. 이 과정에서 하나님을 알게 되고 만나게 된다. 인간은 관계 안에 있는 존재이기에 존귀한 존재다. 그 관계 속에서 인간의 모난 성품은 다듬어지고 성장하며 성숙해진다.

예수님은 십자가의 사랑으로 인류를 정복하셨다. 사랑으로 승리하신 것이다. 32세에 세계를 제패한 알렉산더 대왕은 칼로 세상을 정복하려 했지만 실패했다. 그러나 예수님은 십자가의 사랑으로 세상을 이겼다.

"사랑이 모든 것을 이긴다"(Love conquers everything)이라는 노래가 있다. 세상을 이기는 힘은 칼이 아니라 사랑이다.

✦ 하나님과 인간, 인간과 인간의 관계가 서로 연결되어 있다는 말에서 어떠한 교훈을 얻게 됩니까?

✦ 나는 하나님과의 관계 속에서 진정으로 그분을 갈망하고 있습니까? 어떻게 하나님과의 관계를 든든히 유지하고 있습니까?

✦ 사랑으로 승리한 예수님처럼 내 삶에서 사랑으로 문제를 해결할 수 있는 부분은 무엇입니까? 사랑을 실천함으로써 관계나 공동체에 어떠한 변화를 가져올 수 있습니까?

6.
변화됨으로 승리하라

변신이 아닌 변화

2024년은 프란츠 카프카가 세상을 떠난 지 100년이 되는 해였다. 카프카는 천재였다. 그는 법학 박사 학위를 받았지만 작가가 되기 원했다. 문학뿐 아니라 미술과 어학에서도 뛰어난 실력을 발휘했다. 그의 유명한 소설《변신》은 주인공 그레고르가 어느 날 자신이 흉측한 벌레로 변한 사건으로 시작된다. 보험회사 직원이었지만 계속 출근할 수 없어 가족에게 의존하는 신세가 된다. 외모는 비록 벌레지만, 생각이나 행동은 아직까지 사람임을 알리기 위해 몸부림치는 그레고르. 그러나 노력하면 할수록 주변 사람들의 반응은 점점 더 싸늘해진다. 결국 가족의 냉대 속에서 골방에 고립되어 숨을 거 둔다.

대학 시절 이 소설을 강독하는데 '뭐 이런 소설이 있나?' 하면서 고생했던 기억이 선명하다. 나이가 들어 다시 읽으니 조금 이해가 된다. 유대인 출신인 카프카는 자신이 맞닥뜨린 적대적 환경과 아 버지에게 작가로 인정받지 못하는 고독을 이 소설로 고백했다. 카 프카는 아무리 변신하고 싶어도 변신할 수 없었다. 이것이 바로 실 존주의의 한계다. 실존주의는 인간의 한계와 사회적 모순을 탐구하 지만, 결코 완전한 답을 제공하지 못한다. 아무리 변신을 해도 답을 찾을 수 없다는 것이 실존주의의 결론이다.

기독교는 어떤가? 성경은 본질적으로 변화의 책이다. 왜냐하면 기독교의 '선포'(케리그마)와 '가르침'(디다케)의 목적이 바로 '변화'이 기 때문이다. 욥기 설교를 해가면서 욥이 하나님과의 대화를 통해 변화되었다는 사실을 발견하게 되었다. 흔히 욥은 하나님께 불평하 거나 회의하지 않은 신실한 인물로만 생각하지만, 그것은 오해다. 그 역시 불완전한 사람이었다. 욥기 3장 이후를 보면 그는 자신의 생일을 저주하기도 하고(3:1), 자신이 겪는 고통의 이유를 알 수 없 다며 하나님께 불평하기도 한다(10:1-2).

그런데 38장 이후, 하나님께서 폭풍우 가운데 욥을 직접 찾아오 신다. 하나님과의 대화 속에서 욥은 하나님의 말씀을 듣고, 단순히 귀로만 알던 하나님을 직접 체험하게 된다. 그러고는 이같이 고백한다. "내가 주께 대하여 귀로 듣기만 하였사오나 이제는 눈으로 주를 뵈옵나이다"(욥 42:5). 이 체험 앞에서 욥은 자신의 무지와 교만을 깨닫고 회개한다. "그러므로 내가 스스로 거두어들이고 티끌과 재 가운데에서 회개하나이다"(욥 42:6). 즉, 욥은 고통과 슬픔의 한가운데에서 하나님의 신실하심을 경험했고, 그로 인해 새롭게 변화되었다.

고통이 변화를 낳는다. 그 변화란 곧 하나님이 살아 계심을 체험하는 것이다. 신약성경에 나오는 제자들을 보라. 모두 예수님을 만남으로 변화되었다. 갈릴리의 어부였던 베드로는 '사람을 낚는 어부'로 변화되었고, 예수 믿는 자들을 핍박하던 사울은 다메섹 도상에서 부활하신 예수님을 만나 전혀 다른 사람으로 변화되었다. 그 외에도 수많은 사람들이 예수님을 만나 변화된 삶을 살았다. 결국 복음의 핵심 메시지는 '예수님의 제자로서 살아가는 변화된 삶'이다.

기독교는 인생의 문제와 사회적 악에 대한 해답을 줄 수 있는 유일한 대안이다. 팀 켈러의 말대로 "답을 주는 기독교"인 것이다. 보수적 신학이 개인 구원을 강조하는 이유도 결국 죄 사함을 통한 변화를 목표로 하기 때문이다. 진보적 신학이 사회 내 구조적 악에 맞서는 것도 궁극적으로는 변화를 지향하기 때문이다. 결국 복음은 개인의 변화와 사회의 변화를 동시에 추구한다. 신약성경을 이러한 시각에서 보면, 그 안에는 풍성한 삶과 순종을 향한 개인적 변화의 메시지가 가득하다. 예수님을 만난 사람들은 모두 변화되었다.

현대인들은 '변신'을 추구한다. 그러나 겉모습을 바꾸는 변신은 궁극적 답을 줄 수 없다. 진정한 답은 '변화'이다. 복음만이 우리에게 내적 변화를 줄 수 있는 능력이 된다. 이 시대에 필요한 것은 변신이 아니라 변화다.

승리로 이끄는 변화

미국의 한 고등학생이 있었다. 농구 특기생으로 대학에 진학했지만, 공부와 운동은 뒷전인 채 나쁜 친구들과 어울리며 은행 다섯 곳을 털고 교도소에 수감되었다. 그런데 교도소 도서관에서 일을 하며 우연히 법률책을 접하게 되었고, 법률 공부에 빠져들었다. 한번은 동료 재소자의 재심 청구서를 작성해주었는데, 그 재판에서 승소하는 일이 벌어진다. 이 일로 그는 교도소 안에서 '재소자 변호사' 역할을 하며 다른 이들을 도왔다. 출소 후 대학에 진학했고, 로스쿨까지 마친 뒤 변호사 자격증을 취득했다. 결국 그는 조지타운 법대의 연구 교수가 되었다. 바로 숍 홉우드(Shop Hopwood)의 실화다. 잘못된 길로 빠졌던 한 사람이 변화함으로 전과자에서 법대 교수가 된 것이다. 진정한 변화는 인생의 승리를 가져온다.

변화를 거부하거나 두려워하는 자는 이기는 신앙을 가질 수 없다. 모험을 회피하지 않고 오히려 기꺼이 감당하는 자에게 승리의 가능성이 크다. 신자의 사명은 변신이 아니라 변화다. 이는 바울의 말에서 더 분명해진다.

"너희는 이 세대를 본받지 말고 오직 마음을 새롭게 함으로 변화를 받아 하나님의 선하시고 기뻐하시고 온전하신 뜻이 무엇인지 분별하도록 하라"(롬 12:2).

그렇다면 무엇이 변화되어야 하는가? 바로 우리의 내면이다. 인격의 변화, 성품의 변화가 필요하다. 바울의 복음의 심장은 바로 '변화'다. 데이비드 드실바(David. A. deSilva)는 그의 책《바울 복음의 심장》(이레서원)에서 이렇게 말했다. "내가 바울의 메시지를 이해하고 보니, 그 메시지는 다 변화에 관한 것이다. 복음은 바로 하나님이 모든 피조물을 변화시키시고 이들을 다시 한 번 새롭게 선하고 의롭게 만들 수 있는 힘과 요인들을 계시하셨다는 것이다. 이 피조물에는 우리 자신도 포함된다."

그렇다면 내면의 변화는 어떻게 가능한가? 예수 그리스도와 함께 죽고, 예수 그리스도와 함께 살아야 한다. 바울의 고백을 들어보라.

"내가 그리스도와 함께 십자가에 못 박혔나니 그런즉 이제는 내가 사는 것이 아니요 오직 내 안에 그리스도께서 사시는 것이라 이제 내가 육체 가운데 사는 것은 나를 사랑하사 나를 위하여 자기 자신을 버리신 하나님의 아들을 믿는 믿음 안에서 사는 것이라"(갈 2:20).

예수 그리스도와 함께 죽고 예수 그리스도께서 내 안에 살아 계실 때 진정한 변화가 일어난다. 그리고 그 변화가 있는 자에게는 반드시 승리가 주어진다.

| 나눔 질문 |

✦ 변화는 외적 변신이 아니라 마음과 인격의 바뀜입니다. 최근 내 안에서 어떤 변화를 경험하고 있습니까?

✦ 예수께서 내 안에 살아 계실 때 진정한 변화가 일어납니다. 변화를 두려워하는 사람에게 어떤 조언을 해줄 수 있습니까?

✦ 변화된 삶이 당장 승리를 가져다주지 않더라도 결국 승리로 이끄실 것입니다. 예수 그리스도와 함께 죽고 함께 사는 삶을 실천하기 위해 무엇을 결단할 수 있습니까?

7.
관계에서 승리하라

이해와 공감

신앙생활은 즐겁고 행복한 것이다. 하지만 의외로 많은 그리스도인들이 신앙생활 하는 데 여러 가지 어려움을 토로한다. 그 어려움들의 대부분은 인간관계에서 비롯된다. 본회퍼(Dietrich Bonhoeffer) 목사는 "우리는 나름대로 공동체에 대한 이상과 환상을 품은 채 관계를 맺는다"라고 말했다. 사람들은 교회 공동체에 기대와 이상을 품지만, 현실에서는 갈등과 실망을 경험하게 된다.

갈등(葛藤)의 사전적 의미는 '칡과 등나무가 서로 얽히는 것과 같이 개인이나 집단 사이에 목표나 이해관계가 달라 서로 적대시하거나 충돌함. 또는 그런 상태'이다. 칡과 등나무는 서로 반대 방향으로 감아 올라가면서 성장한다. 칡은 주로 왼쪽에서 오른쪽으로, 등나무는 오른쪽에서 왼쪽으로 감아 올라간다. 등나무와 칡이 서로 얽히는 이유는 덩굴식물 특성상 다른 나무나 물체에 의지하며 자라기 때문이다. 이러한 상황은 인간관계에서도 자주 발생한다. 신앙생활을 하면서 맺는 관계도 예외는 아니다. 그렇다면 어떻게 관계에서 승리할 수 있을까?

우선 서로를 이해하는 것이 필요하다. 인간은 서로 다르다. 다르다고 해서 틀린 것은 아니다. 사도 바울은 고린도전서 12장 4-6절에서 "은사는 여러 가지나 성령은 같고 직분은 여러 가지나 주는 같으며 또 사역은 여러 가지나 모든 것을 모든 사람 가운데서 이루시는 하나님은 같으니"라고 말했다. 교회 안에서도 서로 다른 직분과 은사로 갈등이 발생할 수 있다. 문제는 다름을 이해하려는 태도에 있다.

폴 투르니에(Paul Tournier)는 그의 책 《서로를 이해하기 위하여》(IVP)에서 인간관계에서 서로를 이해하려는 의지가 얼마나 중요한지 자신의 경험에 빗대어 이야기한다. 그는 뉴욕에서 온 한 외과의사를 소개받았는데 불현듯 그와 쉽게 친해질 것 같은 느낌을 받았다. 하지만 서로를 이해하는 데 당장 언어 장벽에 부딪치고 만다. 트루니에는 영어 몇 마디를, 뉴욕에서 온 의사는 프랑스어 몇 마디를 할 뿐이었다. 그래도 두 사람은 서로 통할 수 있었는데, 둘 다 열렬히 상대방의 뜻을 알기 원했기 때문이었다.

투르니에는 성공적인 인간관계를 위한 첫째 조건이 상호 이해, 즉 서로에 대한 이해라고 말한다. 그리고 이를 위해 상대방을 이해하려는 의지가 필요함을 강조한다. 상대방을 이해하려는 의지가 다른 사람을 이해하기 위한 기본적인 태도이다. 인간관계에서 상호 이해는 결단과 노력에서 시작된다.

또한 인간관계에서 매우 중요한 부분 중 하나는 공감이다. 공감이란 다른 사람이 경험한 것을 함께 느끼고 대신 체험해 주는 것을 말한다. 이는 경청과 반응으로 나타난다. 공감적 경청의 출발점은 신중한 태도다. 상대방의 말에 온전히 주의를 기울이고 마음을 다해 듣는 것이다.

소그룹에서 중요한 것은 바로 이 '공감적 경청'이다. 이는 상대방을 이해하려는 마음과 의도를 가지고 그의 말을 듣는 자세다. 내 경험과 생각의 틀을 내려놓고, 상대방의 시선과 입장에서 듣고자 노력하는 것이다. 공감적 경청은 단순히 귀로 듣는 것이 아니라 가슴으로 듣는 것이다. 상대의 이야기에 감정을 이입하고, 그 사람의 말과 상황을 이해하려 애쓰는 것이다.

마지막으로 중요한 것은 '반응'이다. 눈을 바라보거나 바른 자세로 경청하여 공감을 표현할 수 있다. 또한 적절히 반응하면서 때로는 자신의 이야기도 나누고, 도울 수 있는 방법을 찾아보려는 태도가 필요하다.

격려와 포용

격려하는 리더 곁에는 언제나 사람들이 모여든다. 목회자의 사명은 성도를 인도하고, 격려하며 지도하여 영혼의 공동체를 세워가는 것이다. 소그룹 리더 역시 격려에 힘써야 한다. 마크 트웨인(Mark Twain)은 "나는 한 번 칭찬을 받으면 두 달간은 잘 지낼 수 있다"라고 말했다. 그의 말대로라면 1년에 여섯 번만 칭찬을 받아도 1년 내내 사랑의 에너지를 유지할 수 있게 된다. 사랑을 표현하는 가장 효과적인 방법 중 하나가 바로 격려의 말이다. 칭찬과 감사의 표현은 사랑을 전할 뿐 아니라, 상대를 인정한다는 좋은 신호가 된다. 단, 격려와 아부는 구별해야 한다. 격려는 이익과 상관없이 상대방을 향한 진심을 담지만, 아부는 자신의 이익을 염두에 둔 칭찬이다.

격려의 힘은 생각보다 크다. 한 실험에서 맨발로 얼음물 속에서 얼마나 오래 설 수 있는지 측정했는데, 혼자 있을 때보다 곁에서 격려해 주는 사람이 함께할 때 두 배나 더 오래 버틸 수 있었다고 한다. 이것이 바로 격려의 힘이다.

인간관계에는 다양한 문제와 사건이 일어난다. 그것은 우리가 살아 있다는 증거이기도 하다. 세상에서 문제가 전혀 없는 곳은 오직 공동묘지뿐이다. 교회 안 소그룹 공동체도 마찬가지다. 서로 살아 있기에 문제가 생길 수밖에 없다. 그러니 너무 이상하게 여기지 말고 당연한 일로 받아들이면 된다. 우리 교회는 제자훈련 오리엔테

이션 시간에 이런 구호를 외치곤 한다.

"훈련 중에는 아프지도 말고 죽지도 말자!"

"남이 나에게 잘해주는 것은 기적이다. 남이 나에게 잘 못하는 것은 당연하다."

인간관계에서 일어나는 웬만한 문제는 그냥 안고 넘어갈 수 있는 넉넉함과 대담함이 필요하다. 상처 없는 개인도 없고 상처 없는 관계도 없다. 문제는 상처를 주지 않는 것, 상처를 주지 않도록 노력하는 것이다. 설사 상처를 주고받았다 하더라도 해결하려고 노력해야 한다. 아울러 상처를 변화와 성숙의 기회로 삼는 지혜도 필요하다. 관계에서 승리해야 신앙에서도 승리할 수 있다는 사실을 깊이 유념할 필요가 있다.

| **나눔 질문** |

✦ 신앙생활에서 가장 어려운 부분 중 하나가 인간관계입니다. 신
  앙생활에서 겪는 관계 갈등의 주요 원인이 무엇이라고 생각합
  니까?

✦ 최근에 관계에서 어려움을 느낀 경험이 있습니까? 서로 이해하
  고 공감하는 과정에서 가장 어렵거나 도전적인 부분은 무엇이었
  습니까?

✦ 관계의 승리는 신앙생활의 승리와 직결됩니다. 주변 사람들을 격
  려하고, 웬만한 문제는 넘어가는 포용적 태도를 어떻게 실천할
  수 있습니까?

II

승리를 위한 말씀

✦

세상은 승리를 결과로 정의한다. 그러나 성경이 말하는 승리는 다르다. 성경의 승리는 '누구와 함께하는가'의 문제다. 하나님과 함께하는 자는 이미 승리한 자다.

성경은 이 승리의 이야기를 다양한 인물과 사건을 통해 증언한다. 홍해 앞에서 믿음으로 나아간 모세, 45년을 기다려 산지를 차지한 갈렙, 300명으로 대군을 물리친 기드온, 물매 하나로 골리앗을 쓰러뜨린 다윗, 그리고 광야에서 사탄의 시험을 이기신 예수 그리스도. 이들의 이야기는 하나님께서 어떻게 그분의 백성과 함께하시며 승리를 이루시는지 보여주는 살아 있는 증언이다. 오늘날 우리는 낙심과 패배의식 속에 살아간다. 그러나 지금이야말로 성경이 증언하는 승리를 다시 붙잡아야 할 때다. 우리가 약하고 부족해도, 하나님이 함께하시면 승리할 수 있다. 이제 성경속의 승리 이야기를 따라가며, 오늘 이 시대에 하나님께서 우리에게 주시는 승리의 의미를 발견하자.

1.
인간의 타락 속에서 시작된 승리

타락 속에서 피워낸 승리

창세기 3장 15절은 흔히 '원시복음'이라 불린다. 이는 복음에 대한 첫 번째 암시로, 뱀의 후손과 여자의 후손이 서로 싸우게 될 것을 예언한다. 이 싸움은 단순한 인간과 뱀의 대결이 아니라, 그리스도와 사탄 사이의 대결을 예표한다. 인류의 역사 속에서 이 싸움은 끊임없이 이어졌으며, 예수 그리스도께서 받으신 유혹에서 절정을 맞는다. 아담과 하와가 받은 유혹, 예수 그리스도의 시험, 그리고 오늘날 우리가 경험하는 시험은 본질적으로 같은 성격을 지니고 있다.

첫째, 여자의 후손이신 예수 그리스도는 인류가 경험하는 모든 유혹과 시험에 동참하셨다. 사도 바울은 로마서 16장 20절에서 "평강의 하나님께서 속히 사탄을 너희 발 아래에서 상하게 하시리라 우리 주 예수의 은혜가 너희에게 있을지어다"라고 선언하며, 그리스도의 승리를 증언한다.

둘째, "여자의 후손은 네 머리를 상하게 할 것이요 너는 그의 발꿈치를 상하게 할 것이니라"라는 말씀은 단순히 개인의 상처를 말하는 것이 아니다. 인류는 뱀으로 인해 저주 아래 놓이게 되었지만, 동시에 하나님께서는 앞으로 행하실 일을 통해 범죄한 인간과의 관계를 회복하시겠다는 약속을 주셨다. 뱀에 대한 저주의 말씀은 곧 인간을 향한 은혜의 약속이자 타락으로부터의 회복을 보여준다.

따라서 창세기 3장 15절은 기독교 승리의 최초 선언이라고 할 수 있다. 인간은 범죄로 인해 타락했지만, 하나님은 회복을 계획하시고 구속사적 전쟁의 시작을 선포하신다. 이 전쟁은 여자의 후손, 즉 그리스도 대 사탄의 싸움이다. 사탄은 그리스도의 발꿈치를 상하게 할 것이다. 즉 예수 그리스도를 십자가에 못 박을 것이다. 그러나 그리스도는 부활하심으로써 사탄의 머리를 상하게 하신다. 이것은 예수 그리스도의 십자가와 부활로 완성될 승리에 관한 약속이다. 인간의 타락 가운데 하나님의 승리가 처음으로 약속되었다.

셋째, 하나님은 아담과 하와가 입고 있던 무화과나무 잎사귀를 벗기시고 대신 짐승 가죽으로 만든 옷을 입히셨다. "여호와 하나님이 아담과 그의 아내를 위하여 가죽옷을 지어 입히시니라"(창 3:21). 가죽옷은 단순히 보호의 수단이 아니라, 피흘림을 통한 희생 제사를 예표한다. 이후 아벨을 시작으로 노아, 아브라함, 모세, 그리고 이스라엘 역사 전체를 관통하며 흘러간 제사의 피는 결국 십자가에서 예수 그리스도의 희생으로 완성된다. 성경은 분명히 말한다. "피흘림이 없은즉 사함이 없느니라"(히 9:22). 승리는 희생을 통해서만 주어진다.

희생 가운데 피어난 승리

이 진리는 현대의 이야기 속에서도 비추어진다. 《네이비씰 승리의 기술》(조코 윌링크, 레이프 바빈, 메이븐)에는 감동적인 이야기가 나온다. 미 해군 네이비씰 3팀 소속, 마크 앨런 리(Marc Alan Lee) 하사는 2006년 8월 2일 이라크 라마디 전투에서 전우들을 보호하다가 전사했다. 그는 이라크 전쟁에서 전사한 최초의 네이비씰로 기록된다. 그의 마지막 행동은 적의 강한 화력 아래 노출된 자리로 몸을 내밀어 팀의 이동과 부상자 후송을 가능하게 한 희생이었다. 그날 라마디 교전에서 전우 라이언 잡(Ryan Job)이 저격수 탄환에 맞아 쓰러지자, 마크 리는 위험 지역으로 다시 올라가 억제 사격을 퍼부어 구조 시간을 벌었다. 이후 다시 적을 추격, 제압하는 과정에서 동료를 지키고자 위험에 몸을 내맡겼고, 결국 그 자리에서 치명상을 입었다. 전우 보호를 위해 반복적으로 스스로 표적이 된 행동이 그의 공적문과 동료들의 증언에 남아 있다. 그의 어머니 데비 리(Debbie Lee)는 아들의 마지막 편지 "사랑을 전하라"에 응답해 군 장병, 부상자, 유가족을 돕는 비영리 단체 *America's Mighty Warrior*(AMW)를 설립하고, 군 장병과 유가족을 섬기며 "Freedom isn't free."(자유는 공짜가 아니다)라는 고백을 이어가고 있다.

하나님은 인간의 타락 가운데서도 승리를 선언하신다. 이는 놀라운 은혜의 선언이다. 어떻게 이것이 가능한가? 바로 예수 그리스도를 보내셔서 사탄의 머리를 깨뜨리시고 십자가와 부활로 승리를 이루신 것이다. 그 안에서 우리 역시 승리할 수 있다.

개혁주의 신학에서 말하는 '승리'는 인간의 공로나 노력에 근거하지 않는다. 전적으로 하나님의 주권적 은혜와 능력, 그리고 예수 그리스도의 구속 사역을 통해 성취된다. 성경은 각 권마다 이 하나님의 승리 이야기를 다양한 방식으로 증언하고 있다. 우리는 그 이야기를 따라가며, 하나님께서 주시는 승리의 의미를 살펴봐야 한다.

✦ 실패와 타락 속에서도 하나님께서 승리를 약속하신다는 사실이 오늘 나의 믿음과 삶에 어떤 힘을 줍니까?

✦ 여러 유혹과 시험 속에서 '희생 없는 승리'를 기대하거나 추구했던 적은 없습니까? 그리스도의 승리를 신뢰하며 그 자리를 어떻게 이겨낼 수 있습니까?

✦ 그리스도의 승리 안에서 우리가 받은 자유와 구원이 공짜가 아님을 깨달을 때, 우리는 어떤 희생적 섬김과 헌신으로 응답해야 합니까?

2.
모세의 승리:
믿음의 길을 걸으라

결단이 필요한 순간

400년 동안 애굽에서 노예 생활을 하던 이스라엘 백성은 열 가지 재앙 끝에 바로의 항복을 얻어, 마침내 출애굽의 감격을 맛보게 되었다. 그러나 그 기쁨이 채 가시기도 전에 거대한 장애물이 기다리고 있었다. 앞에는 홍해가 가로막고 있고, 뒤에서는 애굽 군대가 추격해 오고 있었다. 옆은 산으로 둘러싸여, 완전히 진퇴양난의 상황이었다. 그때 하나님께서 모세에게 말씀하셨다.

"여호와께서 모세에게 이르시되 너는 어찌하여 내게 부르짖느냐 이스라엘 자손에게 명령하여 앞으로 나아가게 하고 지팡이를 들고 손을 바다 위로 내밀어 그것이 갈라지게 하라 이스라엘 자손이 바다 가운데서 마른 땅으로 행하리라"(출 14:15-16).

여기에서 "너는 어찌하여 내게 부르짖느냐"라는 말씀은 기도를 그만하라는 뜻이 아니다. 이제는 믿음으로 행동하라는 명령이었다. 기도만 하는 자리에 머물지 말고, 믿음의 길을 실제로 걸으라는 것이다. 즉 믿음으로 홍해 길을 가라는 것이다. 눈앞에 바다가 가로막고 있는데 어떻게 나아갈 수 있을까? 하나님은 이미 바다 가운데 길을 준비하고 계셨다. 하나님이 원하신 것은 백성들의 결단이었다. 믿음의 발걸음을 내딛는 것이다.

유대 전승에 따르면, 모세가 여전히 망설이고 있을 때 한 아이가 "왜 아직도 들어가지 않나요?"라고 외쳤고, 그제야 모세가 물속에 발을 내딛었을 때 바다가 갈라졌다고 한다. 믿음 없는 행동은 무모하고, 행동 없는 믿음은 무의미하다. 하나님이 열어 주신 길이라면, 우리는 직접 걸어가야 한다. 구원은 하나님의 전적인 은혜지만, 구원 이후의 삶에는 우리의 결단이 필요하다. 아무리 하나님이 길을 예비하셔도, 그 길로 걸어 들어서는 것은 내 몫이다.

선포가 필요한 순간

하나님은 모세에게 지팡이를 들고 바다를 향해 손을 내밀라고 하셨다. 그 명령에 순종했을 때 기적이 일어났다. 이 장면은 '선포기도'의 본질을 보여준다. 일반적인 기도가 하나님께 요청하는 것이라면, 선포기도는 이미 주어진 하나님의 권세를 사용하는 것이다. 우리가 하나님의 자녀로서 받은 권세를 선포하며, 그 능력을 이 땅 가운데 실행하는 것이다.

홍해와 애굽 군대는 오늘날 우리 삶에서 나타나는 영적인 문제, 영적 전쟁으로 볼 수 있다. 중독, 분노, 시기, 혈기, 미움 등. 이 문제를 이기기 위해서는 영적 분별력이 필요하다. 보혈의 능력을 믿고 담대히 선포해야 한다. 말씀을 붙잡고 예수 그리스도의 이름으로 악한 세력을 대적해야 한다. 하나님의 자녀는 결코 약한 존재가 아니다. 세상에서 부족하고 무시당할 수는 있어도, 기도할 수 있다면 우리는 승리할 수 있다. 교회도 그렇다. 단 한 사람이라도 기도하는 사람이 있다면, 하나님은 그를 통해 일하신다.

모세는 하나님의 명령에 순종했다. 모세가 내민 손은 단순한 인간의 손이 아니었다. 하나님의 능력이 임한 손이었다. 하나님은 지금도 그런 손을 찾고 계신다. 믿음으로 손을 내밀 때, 하나님의 기적은 오늘도 이어진다.

"모세가 바다 위로 손을 내밀매 여호와께서 큰 동풍이 밤새도록 바닷물을 물러가게 하시니 물이 갈라져 바다가 마른 땅이 된지라"

(출 14:21).

"새 길을 만드시는 분, 큰 기적을 행하시는 분, 그는 우리 하나님
약속을 지키시는 분, 어둠 속을 빛을 비추시는 분, 그는 우리 하나님"

- Way Maker 중에서

| 나눔 질문 |

+ 하나님께서 모세에게 "어찌하여 내게 부르짖느냐, 앞으로 나아가라"라고 하신 말씀을 오늘 우리 삶에 어떻게 적용할 수 있습니까?

+ 하나님은 이미 홍해 가운데 길을 준비해 두셨지만, 그 길을 실제로 걷는 것은 백성들의 몫이었습니다. 하나님께서 이미 준비해 두신 길을 믿음으로 걸어야 할 영역이 내 삶 속에 있다면, 그것은 무엇입니까?

+ 나는 하나님의 자녀로서 이미 받은 권세를 담대하게 선포하고 있습니까? 삶 속의 홍해와 같은 문제들을 어떻게 '영적 전쟁'의 눈으로 바라볼 수 있습니까?

3.
갈렙의 승리:
비전이 승리가 된다

미국의 제32대 대통령 프랭클린 루즈벨트(Franklin D. Roosevelt)는 젊은 시절 병으로 인한 하반신 마비로 휠체어를 사용할 수밖에 없었다. 깊은 실의에 빠져 있던 아내에게 그는 물었다. "당신은 지금도 나를 사랑하오?" 그때 아내는 망설임 없이 대답했다. "난 당신의 신앙과 인격, 그리고 당신의 꿈을 사랑해요." 이 말은 루즈벨트에게 다시 용기를 주었고, 그는 결국 미국 역사상 가장 존경받는 대통령 중 한 사람이 되었다.

우리 역시 이처럼 꿈과 비전이 필요하다. 그리스도인이라면 선교사나 목회자가 아니더라도, 하나님이 주시는 비전 안에서 살아가야 한다. 비전이 있어야 희망이 생기고 용기가 생기며, 결국 승리할 수 있다. 이기는 신앙은 비전에서 시작된다.

성경에 나오는 수많은 인물 중 갈렙에게는 마음에 간직한 확고한 비전이 있었다. 45년 전, 열두 명의 정탐꾼으로 뽑혀 가데스 바네아에 도착했을 때 그는 믿음으로 가나안 산지를 바라보았다. 하나님은 갈렙을 칭찬하시며 그 땅을 약속하셨고, 그는 그 약속을 잊지 않았다. 세월이 흘러도 그 마음속 소원은 사라지지 않았다. 그는 여호수아에게 자신의 비전을 고백한다.

> "그 날에 여호와께서 말씀하신 이 산지를 지금 내게 주소서 당신도 그 날에 들으셨거니와 그 곳에는 아낙사람이 있고 그 성읍들은 크고 견고할지라도 여호와께서 나와 함께 하시면 내가 여호와께서 말씀하신 대로 그들을 쫓아내리이다 하니"(수 14:12).

많은 이들은 비전을 단순한 욕망이나 꿈 정도로 생각한다. 그러나 하나님은 우리의 마음에 '선한 소원'을 두시고 역사하신다. 나의 비전은 내가 잘하는 것, 내가 기뻐하는 것에서 출발할 수 있다. 그것이 은사이며, 하나님이 주신 가능성이다. 단, 그 소원이 선하고 하나님께 드릴 수 있어야 한다.

실행으로 실체가 되는 비전

비전은 추상적인 생각이 아니다. 비전은 '보는 것'이다. 남들이 보지 못하는 것을 믿음의 눈으로 먼저 보는 것이다. 갈렙은 "이 산지를 지금 내게 주소서"라고 구체적으로 요청했다. 막연하게 땅을 달라고 한 것이 아니라, 정확히 '헤브론 산지'를 지목했다. 이것이 비전이다.

하지만 비전은 현실을 무시하지 않는다. 하나님은 아브라함에게도 "너 있는 곳에서…바라보라"(창 13:14)라고 말씀하셨다. 지금 내가 있는 자리에서 시작하는 것이다. 현실은 힘들고 초라할 수 있지만, 하나님의 시선으로 보면 다르게 보인다. 하나님은 우리를 보잘것없는 존재로 보지 않으신다. 값지고 존귀한 하나님의 작품으로 바라보신다.

오늘날 많은 청년들이 비전을 생각이나 계획, 혹은 꿈 정도로만 이해한다. 하지만 실행하지 않는 비전은 아무 소용이 없다. 갈렙은 달랐다. 성경학자들에 따르면 그는 정통 유대인이 아니라 이방인 출신이었다. 여호수아 14장 6절에서 갈렙은 "그니스 사람"으로 소개한다. 그럼에도 그는 열두 정탐꾼 중 한 명으로 선택되었다. 당시 갈렙은 90세 가까운 노장으로 지난 45년 동안 야전에서 싸운 베테랑 장군이었다. 그는 누구보다 전쟁에 익숙한 인물이었다. 그런 그가 요구한 땅은 헤브론이었다. 정복하기 쉽지 않은, 오히려 가장 어려운 땅이었다. 대부분의 사람이라면 그 땅을 준다 해도 차지하지 못했을 것이다. 그러나 갈렙은 실제로 싸워서 그 땅을 차지했다.

이 사건은 비전을 가진 사람은 반드시 실현을 위해 노력해야 함을 보여준다. 비전은 실행하는 것이다. 생각에 머물지 않는다. 비전이 있는 사람은 기다릴 줄 알지만, 동시에 행동할 줄도 안다. 실력을 기르고, 준비하며, 기회가 왔을 때는 순종과 행동으로 옮긴다. 그리스도인의 비전은 기도와 인내, 순종과 실행을 통해 현실이 된다.

| 나눔 질문 |

✦ 갈렙은 "이 산지를 내게 주소서"라고 구체적으로 비전을 선포했습니다. 우리 공동체가 붙들고 선포해야 할 '산지'는 무엇입니까?

✦ 비전은 하나님이 주신 선한 소원에서 출발합니다. 내 마음속에 오랫동안 품어온 소원은 무엇입니까? 그것이 하나님께서 주신 '선한 소원'인지 점검해 본 적이 있습니까?

✦ 갈렙은 하나님이 약속하신 비전을 이루기 위해 45년을 기다리며 끝내 실행에 옮겼습니다. 하나님께 받은 비전을 실행하기 위해 지금 당장 할 수 있는 작은 한 걸음은 무엇입니까?

4.

기드온의 승리:
작은 자도 승리할 수 있다

하나님이 선택한 사람들

인류의 전쟁사 가운데에는 소수의 병력으로 대군을 막아낸 전투들이 있다. 그중 스파르타의 레오니다스와 병사들이 페르시아 대군에 맞서 싸운 테르모필레 전투는 영화의 배경이 될 만큼 잘 알려져 있다. 그런데 성경에도 이러한 극적인 승리 이야기가 등장한다. 바로 이스라엘을 위협하던 미디안 군대에 맞서 싸운 기드온과 300명의 병사 이야기다. 성경은 이 전쟁을 하나님의 승리로 기록한다.

기드온은 원래 겁 많고 소심한 사람이었다. 하나님의 부르심을 받았을 때도 그는 자신이 감당할 수 없다고 여겼다. 그런데 하나님은 그를 "큰 용사"로 부르시며 이스라엘을 미디안의 손에서 구원할 사명을 맡기셨다. 하지만 기드온은 패배의식에 빠져 응답을 주저했다. "오 주여 내가 무엇으로 이스라엘을 구원하리이까 보소서 나의 집은 므낫세 중에 극히 약하고 나는 내 아버지 집에서 가장 작은 자니이다"(삿 6:15). 그럼에도 하나님은 기드온에게 표징을 보여주시며 끝내 그를 이스라엘의 구원자로 세우셨다.

기드온은 전쟁에 나갈 사람 3만 2천 명을 모았다. 그러나 하나님은 그 수가 너무 많다고 하셨다. 두려움에 떠는 2만 2천 명이 집으로 돌아가고, 남은 1만 명도 다시 줄여 최종적으로 300명으로 전쟁에 나간다. 이들은 특별히 용맹하거나 강해서 뽑힌 것이 아니었다. 오히려 평범하고 약해 보이는 사람들이었다. 하나님은 그런 사람들을 통한 승리를 계획하심으로 '전쟁은 하나님께 속한 것'임을 드러내셨다. 하나님이 친히 위기에 처한 자기 백성을 위해 일하신다는 사실을 명백히 보여주셨다.

하나님이 일하시는 방식

이 전쟁에서 하나님은 병력의 수, 무기의 위력, 전략의 뛰어남보다 '믿음'에 초점을 맞추셨다. 기드온과 300명은 칼이나 창 대신 나팔, 항아리, 횃불을 들고 나섰다. 사람의 눈으로 보기에는 터무니없는 방식이었지만, 하나님은 바로 그 약함을 통해 강함을 나타내셨다.

하나님은 언제나 그분을 의지하는 자들을 통해 세상의 기준을 무너뜨리며 승리를 이루신다. 승리는 우리의 능력이 아니라 하나님께서 주시는 은혜의 결과다.

우리는 자주 숫자에 휘둘린다. 교회 출석 인원, 성적, 월급, 집 평수, 자동차 배기량 등 모든 것을 수치로 비교하고 판단한다. 그러나 하나님은 숫자가 아니라 믿음을 보신다. 초대교회는 수적으로는 적었지만 능력이 있었고, 오늘날 교회는 수가 많아졌지만 오히려 힘을 잃어가고 있다. 믿음이란 단순히 구원받는 것에서 끝나지 않는다. 지금 이 자리에서 하나님의 말씀을 붙잡고 순종하는 것이 믿음이다. 그리고 그 믿음으로 나아가기 위해서는 내 안의 항아리, 곧 고정관념, 경험, 자존심을 깨뜨려야 한다.

기드온의 300명은 스스로 정한 사람들이 아니었다. 하나님이 부르시고 세우신 사람들이었다. 그들은 완벽하지 않았지만 하나님의 말씀에 순종했다. 오늘도 하나님은 믿음 있는 소수를 통해 세상을 바꾸고자 하신다.

우리는 약할 수 있다. 두려움에 흔들릴 수도 있다. 그러나 하나님이 하신다는 사실을 믿고 순종한다면, 우리 역시 기드온의 300명에 속할 수 있다. 우리가 해야 할 일은 단 하나, 믿고 순종하는 것이다. 그럴 때 하나님은 우리를 통해 승리를 이루신다.

| 나눔 질문 |

✦ 내 삶을 바라볼 때 스스로를 작고 보잘것없는 존재로 여기지 않았습니까? 하나님이 나를 부르실 때 어떤 새로운 정체성을 주시는지 묵상해 보세요. 공동체 안에서 서로를 어떻게 하나님의 시선으로 격려하고 세울 수 있습니까?

✦ 하나님은 3만 2천 명이 아닌 300명을 택하셨습니다. '수나 조건보다 믿음'이라는 기준을 오늘 우리 교회나 사역에 어떻게 적용할 수 있습니까?

✦ 기드온의 군사들이 항아리를 깨뜨리고 횃불을 드러냈을 때 승리가 시작되었습니다. 내 안에 깨뜨려야 할 '항아리'(고정관념, 두려움, 자존심)는 무엇입니까?

5.
다윗의 승리:
낙심하지 않는 믿음만이 승리한다

이기는 마음

오늘날 많은 사람들이 낙심 가운데 살아가고 있다. 코로나19 이후 교회는 물론 사회 전반에 패배의식이 깊게 자리 잡았다. "안 된다", "불가능하다"라는 말이 일상이 되었고, 교회도 예외가 아니다. 이럴 때 다윗과 골리앗 이야기를 소환해내어 다시 읽노라면 우리는 새로운 용기를 얻게 된다. 다윗은 불가능해 보이는 상황 속에서도 낙심하지 않고 믿음으로 승리했다. 그의 신앙은 오늘을 살아가는 우리에게도 여전히 살아 있는 메시지다.

성경에서 가장 드라마틱한 장면 중 하나는 다윗과 골리앗의 대결 장면이다. 이 이야기는 믿는 사람뿐 아니라 믿지 않는 사람에게도 잘 알려져 있다. 약자가 강자에게 도전하는 이야기의 대명사로 널리 회자되고 있다.

사울 왕 시대, 블레셋이 이스라엘을 공격했을 때 골리앗이 대표로 나와 결투를 제안했다. 이기는 쪽이 상대 쪽을 종으로 삼는다는 조건이었다. 이 말을 들은 사울과 이스라엘 백성은 크게 두려워했다(삼상 17:11). 싸움이 시작되기도 전에 이미 패배한 것 같은 분위기였다. 그러나 다윗은 달랐다. 그는 두려워하지 않았고, 골리앗 앞에서도 담대했다. 그는 이기는 신앙을 가진 사람이었다. 요즘처럼 모든 것이 위축된 시대에 다윗의 모습은 우리에게 중요한 메시지를 준다. 과연 다윗은 어떻게 이길 수 있었을까?

다윗은 사울에게 "그로 말미암아 사람이 낙담하지 말 것이라" 하며 자신이 싸우겠다고 나선다(삼상 17:32). 여기서 핵심은 '낙담'이다. 낙담은 히브리어로 '떨어지다'라는 뜻의 '나팔'과 '마음' 또는 '쓸개'를 뜻하는 '레브'가 합쳐진 단어로, '마음이 무너져 내린 상태'를 의미한다. 낙담은 단순한 감정이 아니라 습관이 될 수 있다. 안 될 이유부터 찾는 사람들은 그것이 어떤 일이든 부정적으로 반응한다. 무슨 이야기를 듣거나 어떤 상황에 닥치면 될 이유를 찾는 게 아니라 안 될 이유를 먼저 찾는다. 이런 사람들은 뭘 해도 안 된다고 한다. 그러나 신자는 어떤 상황에서도 낙담해서는 안 된다. 먼저 미음

속으로 이길 생각을 해야 한다.

우리는 IMF 사태, 2008년 세계금융위기, 코로나19 같은 큰 시련을 겪어왔다. 특히 코로나 이후 사람들의 마음은 더 약해졌고, 교회도 전도와 다음세대 사역이 어렵다고 낙심한다. 그러나 이럴 때일수록 마음을 지켜야 한다. 잠언 4장 23절은 "무릇 지킬 만한 것 중에 더욱 네 마음을 지키라"고 말씀한다. 마음을 지키는 힘은 믿음에서 온다. 다윗이 낙담하지 않은 것은 배짱이 크거나 담력이 있어서가 아니라, 하나님을 믿었기 때문이다. 그는 하나님이 골리앗보다크다는 사실을 확신했다.

이기는 신앙

다윗이 골리앗을 상대하겠다고 나서자 사울은 "너는 소년이요 그는어려서부터 용사임이니라"(삼상 17:33)라며 불가능을 강조했다. 사실맞는 말이다. 다윗은 10대 후반의 소년이었고, 골리앗은 키가 무려277센티미터에 달하는 거인이었다. 게다가 57킬로그램이나 되는갑옷과 6.8킬로그램에 이르는 창으로 중무장한 상태였다.

그러나 다윗은 다르게 보았다. 골리앗이 그렇게 무거운 갑옷을입었기 때문에 제대로 움직이지 못할 것이라 보았다. 무더운 사막에서 100미터만 달려도 쓰러질 지경인데 57킬로그램이나 되는 갑옷을 입고 뛰면 그 무게에 짓눌려 민첩하게 대응하지 못할 것으로 예상했다. 또한 7킬로그램이나 되는 창도 멀리 던지기 어렵다고 판단했다. 당시 블레셋 군대는 이스라엘 진영까지 수백 미터에서 1, 2킬로미터 이내로 떨어져 있어서, 제 아무리 거인 골리앗이 던진 창이라도 상대 진영에 닿기엔 역부족이었다.

무엇보다 투구 사이로 골리앗의 이마가 노출되어 있었다. '보통 사람보다 얼굴이 크니 이마를 공격하면 명중률이 높겠다' 하고 생각했을 수도 있다. 이것이 세계관이다. 세계관은 세상을 보는 눈인데 다윗의 눈은 골리앗의 허를 본 것이다. 그 허를 찔렀다.

이처럼 다윗은 맞닥뜨린 상황 중에도 '허점'을 꿰뚫어 보았다. 겉으로 보이는 사실이 아닌, 사실 안에 담긴 진실을 볼 줄 알았다. 이것이 믿음의 눈이다. 겉으로 보이는 현실이 전부가 아님을 아는 눈, 세상의 시선이 아닌 하나님의 시선으로 보는 눈이다.

히브리서 12장 2절은 "믿음의 주요 또 온전하게 하시는 이인 예수를 바라보자"라고 말씀한다. 이기는 신앙은 이렇게 다른 눈으로 보는 데서 시작된다.

다윗은 사울의 갑옷을 거절하고 자신이 늘 가지고 다니던 것을 들고 나갔다. 그는 막대기와 물매를 가지고 시냇가에서 매끄러운 돌 다섯 개를 준비해서 골리앗 앞에 나아가, 물매로 골리앗의 이마를 맞추어 쓰러뜨린 뒤 그의 칼로 목을 베었다(삼상 17:40, 49, 51).

물매는 단순한 무기가 아니었다. 다윗은 기술이 아니라 하나님의 도우심을 의지하며 물매를 던졌다. 그는 과거 사자와 곰의 발톱에서 자신을 건져내신 하나님께서 이번에도 자신을 구원하실 것을 믿었다(삼상 17:37). 이미 믿음으로 승리한 것이다. 골리앗은 다윗의 손에 있는 것들을 비웃었지만, 그것들이 자신을 무너뜨리는 무기가 될 줄은 꿈에도 몰랐다. 믿음의 능력은 세상 눈에는 하찮아 보이는 것을 통해서도 역사한다.

세상에는 마음이 강한 사람이 많다. 신념이 강한 사람도 많다. 그러나 다윗이 낙심하지 않은 것은 단순히 그의 큰 배포나 배짱 때문이 아니었다. 하나님에 대한 '큰 믿음' 때문이었다. 다윗은 골리앗보다, 환경보다, 고난보다 하나님이 크시다는 것을 믿었다. 살아계신 하나님이 역사하신다는 믿음이 그를 승리로 이끌었다.

✦ 코로나 이후 교회와 우리의 신앙이 위축된 상황 속에서, 다윗처럼 낙심하지 않고 마음을 지키기 위해 공동체가 어떤 부분을 함께 실천할 수 있습니까?

✦ 다윗은 다른 사람들이 보지 못한 골리앗의 허점을 보았습니다. 나는 현실을 바라볼 때 세상의 눈으로만 보고 있지는 않습니까? 믿음의 눈으로 다시 바라봐야 할 문제는 무엇입니까?

✦ 내가 가진 작고 평범한 '물매'는 무엇입니까? 하나님께 맡길 때 그것이 어떻게 승리의 도구가 될 수 있을지 묵상해 보세요.

6.
예수님의 완전한 승리

분투하는 영성

예수님은 공생애를 시작하시기 전에 성령께 이끌려 광야로 나가셨고, 그곳에서 사탄의 시험을 받으셨다. 이는 충격적인 일이지만 실제로 일어난 사건이다. 예수님은 사막 같은 광야에서 세 가지 시험을 받으셨다.

첫 번째, 돌로 떡을 만들라는 시험에, 예수님은 "사람이 떡으로만 살 것이 아니요 하나님의 입으로부터 나오는 모든 말씀으로 살 것이라"(마 4:4)라고 말씀하시며 이기셨다. 두 번째, 성전 꼭대기에서 뛰어내리라는 유혹에, 예수님은 "주 너의 하나님을 시험하지 말라"(마 4:7)라고 단호히 말씀하셨다. 마지막으로 사탄이 세상의 모든 것을 보여주며 자신에게 절하라고 했을 때, 예수님은 "사탄아 물러가라 기록되었으되 주 너의 하나님께 경배하고 다만 그를 섬기라 하였느니라"(마 4:10)라고 선포하셨다. 결국 사탄은 더 이상 아무 말도 하지 못하고 떠나갔다. 예수님은 인간의 몸으로 오셨기에 시험을 받으셨지만, 그 시험을 모두 이기셨다. 이것이 우리의 희망이다.

성경에서는 '시험'을 두 가지 의미로 사용한다. 하나는 '유혹'이고, 또 하나는 '테스트'다. 예수님이 받으신 것은 유혹이었다. 그는 우리를 대표하여 완전한 인간으로서 시험과 맞서 싸우셨다. 아담은 실패했지만, 예수님은 승리하셨다. 그 차이는 바로 '분투'였다.

창세기 3장 6절을 보면, 하와는 사탄의 시험 앞에서 열매를 따먹고 남편에게도 주었다. 아담은 별다른 저항이나 고민 없이 그 열매를 먹었다. 시험 앞에 분투가 없었던 것이다. 그러나 예수님은 시험 앞에서 싸우셨고, 우리를 대신해 분투하셨다. 예수님이 받으신 시험은 단지 예수님뿐 아니라 모든 그리스도인이 마주하게 되는 시험이다. 그러므로 우리도 예수님처럼 분투하는 영성이 필요하다.

흔히 영성이 깊은 사람은 시험이 없을 것이라 생각하지만, 오히려 그 반대다. 예수님도 시험을 받으셨기 때문이다. 기도할 때 방해가 들어오고, 성경을 읽을 때 집중이 안 되는 순간들이 있다. 그런 상황에서 유혹에 넘어지기도 한다. 그때 우리는 내 안의 감춰진 죄와 연약함을 발견하게 된다. 물질, 이성, 감정, 시기, 질투 등에 쉽게 무너지는 내 모습을 보면서, 다시 예수님의 십자가 앞으로 나아가게 된다.

우리는 종종 "나는 왜 이 정도밖에 안 될까?"라며 자책한다. 그러나 중요한 것은 자책이 아니라 유혹 앞에서 분투하는 것이다. 예수님은 시험을 받으셨지만, 결국 분투를 통해 승리하셨다.

오늘날 한국 교회에는 일부 '솜사탕 같은 영성'이 존재한다. 보기에는 달콤하고 포근하지만 실제로는 아무 힘도 없다. 입에 넣으면 금세 사라지는 솜사탕처럼 분투 없는 영성도 오래 가지 못한다. 진짜 신앙은 분투하는 신앙이다. 제자의 길은 적당히 머무는 것이 아니라 치열하게 싸우는 삶이다.

바울도 고린도전서 9장 26절에서 "그러므로 나는 달음질하기를 향방 없는 것 같이 아니하고 싸우기를 허공을 치는 것 같이 아니하며"라고 고백한다. 신앙은 속도보다 방향이 중요하지만, 동시에 실제로 싸우는 삶이 필요하다. 믿음은 현실 속에서의 분투를 통해 빛을 발한다.

예수님도 십자가를 지시기 전에 깊은 갈등과 고뇌를 겪으셨다. 십자가는 단순한 고난이 아니라 하나님의 뜻을 따르기 위한 분투였다. 우리도 삶 속에서 예수님처럼 분투해야 한다.

말씀을 통한 승리

예수님은 사탄의 시험 앞에서 하나님의 말씀으로 승리하셨다.

"예수께서 대답하여 이르시되 기록되었으되 사람이 떡으로만 살 것이 아니요 하나님의 입으로부터 나오는 모든 말씀으로 살 것이라 하였느니라 하시니"(마 4:4).

여기서 말하는 '말씀'은 헬라어로 '레마'인데, 살아 움직이고 내 삶에 직접 적용되는 하나님의 말씀을 뜻한다. 마태복음 4장 4절을 통해 우리는 '그리스도인은 본능이나 욕망이 아니라 말씀으로 살아가는 사람'이라는 메시지를 얻을 수 있다. 사탄은 우리가 본능과 욕망대로 살도록 끊임없이 유혹한다. 인간이 본능대로 산다면 동물과 다를 바 없다. 그러므로 우리는 말씀을 붙잡아야 한다. 유혹이 다가올 때, 감정이 폭발할 때, 교만이 올라올 때, 성령의 도우심을 구하며 말씀으로 맞서야 한다.

오늘날 우리는 돈, 성공, 명성, 쾌락 등 다양한 유혹과 맞서고 있다. 그 싸움에서 승리하려면 분투가 필요하다. 영성은 공허한 개념이 아니라 삶 속에서 실제로 작동하는 능력이다. 성령을 따라 사는 사람은 육신의 욕망을 이겨내며, 생명과 평안을 누린다.

요한일서 2장 16절은 인간의 본능을 '육신의 정욕, 안목의 정욕,

이생의 자랑'으로 정리한다. 예수님이 받으신 시험은 이 세 가지 본능을 겨냥한 것이었으나, 예수님은 말씀으로 그 유혹을 이기셨다. 그는 자신을 위해 싸우신 것이 아니라, 우리를 위해 분투하신 것이다. 시험을 받아본 적이 없는 자는 결코 다른 사람을 도와줄 수 없다. 예수님은 사탄의 시험을 말씀으로 이기셨다. 이것은 단순한 본보기가 아니라 실제적인 능력의 증거다. 예수님이 승리하셨기에 우리도 말씀으로 승리할 수 있다.

"그가 시험을 받아 고난을 당하셨은즉 시험 받는 자들을 능히 도우실 수 있느니라"(히 2:18).

그러므로 우리가 유혹을 받을 때, 본능이 올라올 때, 반드시 말씀을 붙잡아야 한다. 성경은 단순한 도덕 교훈서가 아니라 하나님의 살아 있는 말씀을 하나님의 숨결로 기록한 책이다. 성경말씀은 사람을 변화시키고 삶을 새롭게 한다. 성경을 묵상하고 기억하는 사람은 삶이 다르다.

《내 영혼은 무엇을 갈망하는가》(국제제자훈련원)에서 존 오트버그 (John Ortberg)는 이와 관련한 한 흥미로운 실험을 이야기한다. UCLA에서 대학생 450명을 두 집단으로 나누어, 한 집단에게는 고등학교 때 읽었던 필독서를, 다른 집단에게는 십계명을 떠올려 보라고 했다. 그러고는 각 집단에 속한 학생들의 성향을 파악해보았다. 그 결과 필독서를 떠올린 집단에는 평소에 거짓말을 일삼는 학생들이 대부분이었고, 십계명을 떠올린 집단의 학생들은 거의 모두 거짓말을 전혀 하지 않는 것으로 나타났다. 십계명을 떠올린 학생들은 자신을 '더 나은 존재'로 여겼던 것이다. 이것이 바로 말씀의 힘이고 능력이다.

시편 기자는 "여호와의 율법은 완전하여 영혼을 소성시키며 여호와의 증거는 확실하여 우둔한 자를 지혜롭게 하며"(시 19:7)라고 노래한다. 도덕률만으로는 인간을 변화시킬 수 없다. 그러나 하나님의 말씀은 사람을 변화시키고 삶을 새롭게 한다. 그러므로 유혹이 오고 시험이 닥칠 때, 우리는 말씀으로 맞서 분투해야 한다. 절대 포기하지 말고, 말씀으로 담대히 맞서야 한다.

영성이 깊다는 것은 유혹이 없다는 뜻이 아니다. 오히려 유혹과 시험이 올 때, 그 앞에서 분투하는 것이다. 때로는 무너질 수도 있고, 낙심할 수도 있지만, 중요한 것은 다시 말씀으로 일어나는 것이다. 예수님은 싸우셨고 승리하셨다. 우리도 말씀으로 분투하며 결국 승리할 수 있다.

✦ 시험과 유혹 앞에서 쉽게 포기하거나 자책하지는 않습니까? 자주 직면하는 '광야의 시험'은 무엇이며, 그 앞에서 어떻게 분투하고 있습니까?

✦ 내 삶에서 '성령에 이끌림을 받는 영역'과 아직도 '본능과 욕망이 지배하는 영역'은 어디입니까

✦ 삶의 유혹 속에서 하나님의 말씀을 붙잡는 것이 실제적으로 어떤 힘을 주었는지 그 경험을 나누어봅시다.

Ⅲ

승리를 위한 분투

✦

VICTORY

인간의 마음속에는 누구도 피할 수 없는 욕망이 자리하고 있다. 초대 교부들이 정리한 '일곱 가지 치명적인 죄악'은 바로 이런 인간의 욕망을 보여주고 있다.

시기와 분노는 타인을 향한 왜곡된 감정에서 비롯되고, 정욕과 탐식은 자기 몸의 욕망을 신처럼 섬기는 데서 나온다. 나태는 하나님을 향한 열정을 식게 만들고, 허영과 탐욕은 자기 자신을 높이려는 교만의 또 다른 얼굴이다. 이 모든 욕망은 결국 하나님을 바라보지 못하게 만들며, 십자가의 길에서 멀어지게 한다. 문제는 '이 정도는 괜찮다'는 합리화 속에 욕망이 은밀하게 자라난다는 것이다.

주님은 우리에게 자기부인을 요구하신다. 날마다 자기 십자가를 지고 따르라고 하신다. 바로 그 길 위에서 우리는 시기와 분노, 정욕과 나태, 허영과 탐욕, 그리고 탐식까지도 내려놓아야 한다. 이 싸움은 쉽지 않지만, 주님을 바라볼 때 가능하다. 영광을 나에게서 거두고 하나님께 돌릴 때, 우리는 비로소 진정한 승리를 경험할 것이다.

1.
분투하는 신앙

긍정과 부정의 신학

신학은 하나님을 이해하고 표현하는 방식에 따라 크게 두 가지로 나뉜다. 하나는 '긍정의 신학'(Cataphatic theology)이고, 다른 하나는 '부정의 신학'(Apophatic theology)이다. 서방 신학은 주로 긍정의 신학을 강조한다. 예를 들어 "하나님은 사랑이시다", "하나님은 선하시고 인자하시다", "하나님은 우리의 기도에 응답하신다" 등과 같이 하나님을 긍정적인 속성으로 정의한다. 대표적인 학자로는 아우구스티누스와 토마스 아퀴나스가 있다.

III. 승리를 위한 분투

반면 동방 신학은 부정의 신학이라 불린다. 하나님을 직접 규정하기보다 "하나님은 유한하지 않으시다", "하나님은 불의하지 않으시다", "하나님은 미워하지 않으신다"와 같이 부정적인 표현으로 하나님을 설명한다. 디오니시우스나 나사의 그레고리우스 같은 이들이 대표적이다. 부정의 신학은 그리스와 러시아 등 동방 종교에서 볼 수 있다.

신앙의 여정도 마찬가지다. 승리를 말할 때 "이렇게 해야 한다"라는 긍정적 방식이 있는가 하면, "이렇게 해서는 안 된다"라는 부정적 방식이 있다. 실제 전투에서도 이 부정적 태도가 얼마나 중요한가를 보여주는 사례가 있다.

36명으로 구성된 네이비씰 3팀 브루저 기동대는 매일 눈부신 전과를 올렸는데, 그 비결은 작은 허점도 허용하지 않는 강한 군기에 있었다. 예를 들어 두발은 항상 짧게 자를 것, 수염은 매일 깨끗이 면도할 것, 군복은 단정히 착용할 것 등 기본 규율조차 철저히 지켰다. 전투와 관련된 부분은 더 엄격했다. 야외에서는 항상 방탄복과 헬멧을 착용할 것, 무기는 언제든 사용할 수 있도록 정비할 것 등이다. 이런 엄격한 훈련과 규율 덕분에 언제든 전투할 준비가 되어 있었고, 이것이 곧 승리의 비결이었다.

신앙에서도 마찬가지로, 영적인 전투에서 승리하려면 반드시 '하지 말아야 할 것들'을 경계하는 태도가 필요하다.

영적 분투의 대상

영적 차원에서 '하지 말아야 할 것'을 다루는 것이 바로 신앙인의 '분투'다. 이는 곧 '부정의 신학'을 우리의 내면에 적용하는 방식이며, 우리 안에 들어오는 부정적인 것들, 즉 죄악과 생각을 어떻게 다룰 것인가에 대한 근본적인 질문이다. 동방 신학에서 발전한 '일곱 가지 치명적인 죄'가 그 대표적인 예다. 단순히 살인, 도둑질, 간음 같은 구체적 행위가 아니라, 그러한 죄를 낳게 하는 뿌리를 지적한다. 교만, 탐욕, 시기, 분노, 음욕, 식탐, 나태가 그것이다. 바울 역시 자신을 "죄인 중의 괴수"라 고백하며(딤전 1:15), 하나님의 은혜 없이는 설 수 없음을 드러냈다. 예수님 또한 자기를 부인하고 자기 십자가를 지라고 말씀하셨다(마 16:24). 자기를 부인한다는 것은 "나는 아무것도 아니다"라는 고백이며, 이 부정을 통해 오히려 주님만이 전부이심을 더 깊이 깨닫게 된다.

초대 교부들은 죄를 민감하게 바라보며, 죄가 인간 안에서 어떻게 뿌리내리고 확장되는가를 연구했다. 그래서 살인, 간음, 도둑질 같은 구체적 범죄의 배후에는 더 깊은 뿌리가 있음을 발견하고, 그것을 일곱 가지 치명적인 죄로 정리했다. 예를 들어 교만은 모든 죄의 근원으로 여겼고, 탐욕은 우상숭배를 낳는 씨앗으로 보았다. 그렇기에 신자는 끊임없이 자기 내면과의 싸움에 나서야 한다. 시기는 비교와 열등감과의 싸움이며, 교만은 자기중심성과의 싸움이다. 탐욕은 욕망과의 싸움이고, 분노는 자아와의 싸움이다. 음욕은 육체적 쾌락과의 싸움, 식탐은 절제와의 싸움, 나태는 영적 무기력과의 싸움이다.

결국 '일곱 가지 치명적인 죄'는 단순한 경고 목록이 아니라, 신자가 평생토록 분투해야 할 대상이다. 물론 우리는 패배할 때도 있지만, 최종적인 승리는 이미 보장되어 있다. 왜냐하면 예수 그리스도께서 죄와 사망을 이기시고 승리하셨기 때문이다. 이것이 곧 '분투하는 신앙'이 지향해야 할 소망이다.

| 나눔 질문 |

✦ 신앙에서 '긍정의 신학'과 '부정의 신학' 중 어떤 접근이 더 와닿습니까? 그 이유는 무엇입니까?

✦ 일곱 가지 치명적인 죄 중에서 오늘날 우리 사회에 가장 크게 드러나는 죄는 무엇이라 생각합니까? 그리고 지금 내가 가장 치열하게 싸워야 할 부분은 무엇입니까?

✦ 실패 속에서도 최종 승리를 이미 주신 그리스도를 바라보며, 오늘 내가 다시 일어서야 하는 싸움은 어떤 것입니까?

2.
시기에 대한 분투

누구도 피하기 힘든 시기

모든 사람은 크고 작은 시기심을 가지고 있다. 놀랍게도 중세 수도원 수도사들 사이에도 시기가 있었다고 한다. 수도사들은 세상의 모든 것을 버리고 오로지 하나님만 바라보기 위해 수도원에 들어간 사람들인데도 말이다. 교대로 요리를 하는데, 사람들이 내가 요리한 음식보다 다른 수도사가 한 것을 더 맛있어 할 때. 영성훈련을 마치고 수도원을 배정받는데 친구가 더 덕망 있는 수도원장 밑으로 갔을 때. 이처럼 세상에 시기가 없는 곳은 없다.

'시기'란 다른 사람이 잘되고, 무언가를 누리는 것에 대해 분개하는 마음이다. 시기심이 왜 치명적인 죄인가? 시기심은 타인의 성공, 성취, 승진, 포상, 행복 등이 나에게 불편하게 느껴지는 것이다. 다른 사람이 잘되는 것은 축하할 일인데, 오히려 그 사람의 행복이 나의 불행이 되어버린다.

시기심의 핵심은 '너의 행복이 나의 불행, 너의 불행이 나의 행복'이 되는 것이다. 시기심은 다른 사람이 잘되는 것 때문에 나의 기쁨이 점점 사라지게 만든다. 탐욕이 소유에 대한 욕심이라면, 시기는 그 소유하는 대상에 대한 분개다. 탐욕은 다른 사람이 가진 것을 내가 욕심내는 것이고, 시기는 그가 그것을 가진 사실 자체에 대해 분개하는 것이다. '저 사람이 왜 나보다 많이 가졌지?' '왜 저 사람이 나보다 잘되지?' '왜 저 사람이 나보다 성공하지?'하며 분개하는 마음이 시기다.

그래서 시기심을 가진 사람은 비록 자신이 갖지 못하더라도, 다른 이가 잃으면 이상하게도 마음이 편해진다. 단순한 질투를 넘어, 상대가 잘못될 때 기뻐하는 마음이 시기의 무서운 본질이다.

시기심은 나와 비교가 가능한 사람에게서 느낀다. 평범한 직장인은 이재용 회장이나 빌 게이츠를 시기하지 않는다. 오히려 회사 옆자리에서 함께 일하는 동료나 동기들을 시기한다. 동네에서 조기축구를 하는 사람이 영국 EPL에서 뛰는 손흥민 선수를 시기하지는 않는다. 대신 조기축구팀 내에서 자신의 포지션을 위협하는 사람을 시기한다. 시기는 항상 가까운 사람 사이에서 발생한다. 시기하는 사람은 그 대상이 사라져야만 마음이 편하다.

사울이 바로 그런 사람이었다. 구약의 사울 왕은 모든 조건을 갖춘 사람이었다. 사무엘상에 따르면 사울만큼 외모와 자질이 뛰어난 사람은 드물었다. 일명 '엄친아'였다. "기스에게 아들이 있으니 그의 이름은 사울이요 준수한 소년이라 이스라엘 자손 중에 그보다 더 준수한 자가 없고 키는 모든 백성보다 어깨 위만큼 더 컸더라"(삼상 9:2). 그는 외모도 출중했고, 이스라엘의 초대 왕이라는 영광스러운 자리에도 올랐다. 그런 사울이 시기한 대상은 다윗이었다.

사울은 다윗이 명예를 얻고 사람들에게 인정받는 것을 견디지 못했다. 단순히 불편해하는 수준이 아니라, 그를 죽이려 들기까지 했다. 시기심이 생기면 그 대상이 없어지기 전까지는 마음이 편치 않다. 시기는 사탄이 가장 잘 이용하는 마음이다. 사탄은 시기심을 통해 사람을 넘어뜨린다.

사울은 늘 다른 사람의 시선을 의식했다. 사람들이 자신을 어떻게 평가할지, 얼마나 인정할지를 지나치게 신경 썼다. 시기가 강한 사람일수록 타인의 시선을 의식한다. 사울은 아말렉과의 전쟁에서 불순종했고 사무엘에게 책망받았지만, 진심으로 회개하지 않았다. 오히려 이렇게 요구했다. "내가 범죄하였을지라도 이제 청하옵나니 내 백성의 장로들 앞과 이스라엘 앞에서 나를 높이사 나와 함께 돌아가서 내가 당신의 하나님 여호와께 경배하게 하소서"(삼상 15:30).
그는 하나님께 용서를 얻는 것보다, 백성의 장로들 앞과 이스라엘
앞에서의 체면이 깎이지 않는 것을 더 중요하게 여겼다. 시기심은
결국 사람의 평가에 사로잡히게 한다.

시기를 이기는 세 가지 길

첫째, 남과 비교하지 않는 것이다. 시기의 뿌리는 비교에 있다. 사울
이 다윗과 비교하다가 불행해졌듯이, 우리도 비교에서 벗어나야 한
다. 사무엘상 18장을 보면, 다윗이 블레셋을 무찌르고 돌아올 때 여
인들은 이같이 노래했다. "사울이 죽인 자는 천천이요 다윗은 만만이
로다"(삼상 18:7). 사울은 자신을 환영하는 노래임에도 '천'과 '만'의 숫
자를 비교하며 마음이 흔들렸다. 시기하는 사람은 숫자에 집착한다.

　오늘날도 모든 것을 숫자로 평가한다. 성적, 아파트 평수, 유튜브
조회수 같은 수치에 자신을 얽어맨다. 천도 감사한 숫자이고, 그것
또한 하나님의 은혜다. "왜 나는 천이고, 그는 만인가?"라는 생각이
불행을 만든다. 거기서부터 시기가 나온다. 시기하는 사람은 의심
의 눈으로 상대를 보고, 분노와 증오에 찬 눈으로 상대를 주목하게
된다. 사무엘상 18장 9절을 보면 "그 날 후로 사울이 다윗을 주목하
였더라"라고 기록되어 있다. 사울은 다윗을 시기의 눈으로 주목했
다. 시기는 증오를 낳는다. 사울 또한 시기 때문에 악령에 사로잡혔

다. 사탄은 시기하는 마음을 이용한다. 그 마음에 사탄이 들어가 다윗을 제거하려 했다. 시기는 결국 자기 영혼을 병들게 한다.

이 모든 것의 원인은 비교다. 프란시스 베이컨은 "비교가 없다면 시기심은 존재하지 않는다"라고 했다. 비교의식이 강한 사람은 늘 경쟁 속에서 산다. 그래서 마음에 평안이 없다. '나는 저 사람보다 잘 돼야 하고, 승진도 빨리 해야 하고, 성공해야 하고, 돈도 많이 벌어야 한다'고 생각한다. 시기하는 사람에게는 주변이 다 적대자이고 경쟁자다. 그래서 늘 불행하고, 마음에 쉼이 없고, 평안이 없다.

성경을 보면 교회 안에도 시기가 있다. 교인들끼리도 시기했다. 빌립보서 2장 3절은 "아무 일에든지 다툼이나 허영으로 하지 말고 오직 겸손한 마음으로 각각 자기보다 남을 낫게 여기고"라고 한다. 다툼이란 시기에서 비롯된다. 로마서 13장 13절도 "다투거나 시기하지 말고"라고 한다. 시기는 음란이나 거짓처럼 심각한 죄이며, 사랑과 정반대의 마음이다.

고린도전서 13장 4절에서는 "사랑은 오래 참고 사랑은 온유하며 시기하지 아니하며"라고 한다. 사랑은 시기하지 않는다. 내가 시기한다는 것은 그 사람을 사랑하지 않는다는 의미다. 잠언 14장 30절에서는 "평온한 마음은 육신의 생명이나 시기는 뼈를 썩게 하느니라"라고 경고한다. 내가 누군가를 시기하면 뼈가 썩고 마음이 편하지 않으며, 인생이 행복하지 않다. 시기는 비교 때문에 생긴다. 애써 비교할 필요가 없다. 천이든 만이든, 모든 것은 하나님이 주신 은혜다.

둘째, 내가 가장 특별한(unique) 존재임을 기억하는 것이다. '나는 유일하고 존귀한 존재'임을 기억하는 것이다. 사울은 자신이 얼마나 존귀한 자인지 몰랐다. 이스라엘의 왕이라는 자리에 있으면서도 베들레헴의 목동 다윗이라는 한 사람 때문에 불행했다. 그러나 성경은 하나님께서 우리 각자를 얼마나 존귀하게 여기시는지 말씀하신다.

"사람이 무엇이기에 주께서 그를 생각하시며 인자가 무엇이기에 주께서 그를 돌보시나이까 그를 하나님보다 조금 못하게 하시고 영화와 존귀로 관을 씌우셨나이다"(시 8:4-5).

"땅에 있는 성도들은 존귀한 자들이니 나의 모든 즐거움이 그들에게 있도다"(시 16:3).

시편 16편 3절에서 말씀에서 '존귀'로 번역된 히브리어 '하다르'는 '명예', '장식품'이라는 뜻으로 '최고'라는 의미다. 우리는 80억 인구 중 단 한 명뿐인 존재다. "Unique is best."라는 말이 있다. 즉 유일한 것이 최고의 것이다. 따라서 하나님이 나를 얼마나 사랑하시는지 아는 것이 중요하다. 예수님이 십자가에서 모든 것을 감당하실 수 있었던 것도, 하나님이 자신을 얼마나 사랑하시는지 알고 있었기 때문이다. 예수님은 자신이 하나님의 사랑받는 자, 하나님이 기뻐하는 아들이라는 사실을 알았다. 하나님은 우리에게도 말씀하신다. "너는 내 사랑하는 자요, 내 기뻐하는 자다." 이 믿음을 붙잡을 때, 비교의식에서 벗어나고 마음에 평안이 임한다.

셋째, 다른 사람의 성공을 축복하는 것이다. 다른 사람의 잘됨을 진심으로 축복하는 것이다. 우리말 속담에 "사촌이 땅을 사면 배가 아프다"라는 말이 있다. 하지만 그리스도인은 사촌이 땅을 사면 밥을 사며 축하해야 한다. 목사인 나도 시기심이 생길 수 있다. 내 주변 친구들이나 함께 신학을 공부하고 사역하던 동료가 나보다 더 잘되고 유명해질 때 마음이 불편할 수 있다. 하지만 그럴 때 오히려 축하의 메시지를 보내자.

교회 안에서도 마찬가지다. 우리 교역자 팀은 경쟁을 시키지도, 서로 경쟁하지도 않는다. 각자가 하나님 앞에서 유니크한 자로서 최선을 다하면 된다. 서로 잘되고 윈윈(win-win)할 수 있는 마음을 가져야 한다.

사람이기에 때로는 마음이 흔들릴 수 있다. 그럴 때 하나님께 나아가 주님의 마음을 달라고 기도해야 한다. 남의 행복을 축복할 때, 시기는 사라지고 사랑이 그 자리를 채운다. 그리고 무엇보다 내가 존귀한 자임을 늘 기억해야 한다. 시기를 이기기 위해 함께 분투하자.

✦ 가까운 사람들 사이에서 시기를 경험한 적이 있습니까? 시기의
뿌리가 무엇인지 들여다보고 하나님 앞에 고백하는 시간을 가져
봅시다.

✦ 우리 삶에서 다른 사람과 비교하며 괴로웠던 경험이 있습니까?
어떻게 하면 비교의 굴레에서 자유로워질 수 있습니까?

✦ 최근에 누군가의 잘됨을 시기하기보다 축하하고 축복했던 경험
이 있습니까? 그렇다면 그때 어떤 변화를 느꼈습니까?

3.
분노에 대한 분투

분노의 파괴력

한국 최초 우주인 이소연 씨보다 앞서 임무를 수행한 미국의 여성 우주인 리사 노왁(Lisa Nowak)은 엘리트 중의 엘리트였다. 졸업생 대표로 고등학교 졸업 연설을 했고, 미국 해군사관학교를 거쳐 해군 대학원에서 항공우주공학 석사학위를 받은 촉망받는 인재였다. 그러나 2007년에 최악의 불명예를 얻게 된다. 애인을 빼앗으려는 여인에 대한 분노로, 자동차를 몰고 1,400킬로미터를 달려가서 여자를 납치, 준비한 칼과 총으로 살해하려 했다. 그러나 현장에서 체포되고 중범죄 및 경범죄 구타 사실로 유죄가 인정되었다. 결국 노왁은 계급 강등, NASA와 해군에서 해고되었다. 분노가 한 사람의 인생을 송두리째 무너뜨린 사례다.

초대 교부들이 분투하는 영성을 위해 경계한 '일곱 가지 치명적인 죄' 중 두 번째가 바로 분노다. 사실 첫 번째인 시기 역시 분노와 맞닿아 있다. 남의 성공과 성취를 시기하는 마음은 쉽게 사라지지 않고 점점 자라서 분노로 이어진다. 그리고 분노가 한번 생기면 누구도 거기서 쉽게 벗어나지 못 한다. 곧바로 화로 표출되거나 혹은 겉으로는 나타나지 않고 쌓인 분노가 어느 순간 폭발해 여러 가지 난처한 상황을 만들어 버린다.

20년째 목회를 하면서 몇 가지 원칙을 지켜왔다. 승승의 원칙, 만장일치의 원칙, 그리고 "화내면 진다"라는 소신이다. 부러워하는 것은 괜찮지만, 화를 내면 지는 것이다. 화가 한번 표출되면 관계에서 여러 상처가 생기고, 그 잔상이 오래 남아 회복하기 쉽지 않기 때문이다. 그래서 분노하지 않는 것이 중요하다.

'분노'의 사전적 정의는 "분개해서 몹시 성을 내는 것"이다. 분노는 마음의 폐렴과 같고, 행동으로까지 이어질 수 있는 감정이다. 가볍게 거슬리는 정도에서 끝나지 않고, 화가 치밀어 견디지 못하는 것이 분노다.

성경에도 분노하는 사람들이 많이 등장한다. 구약에서 '분노'라는 단어는 약 210회 등장한다. 히브리어로 분노는 '아프'인데, 이는 '콧구멍'이라는 뜻도 있다. 분노하면 콧구멍이 커지고, 눈도 커진다. 심지어 몸의 세포들도 넓어지는 것 같다. 실제로 실험용 생쥐에게 분노의 기운을 주입하자 모두 죽었다는 보고도 있다. 그만큼 분노는 살인과도 같은 무서운 감정이다.

인간의 분노는 하나님의 의를 이루지 못한다. 분노는 하나님과의 관계를 단절시킬 수 있다. 인류 최초의 살인자 가인 역시 분노 때문에 동생 아벨을 죽였고, 결국 하나님의 진노를 받았다. 분노는 사람과의 관계뿐 아니라 하나님과의 관계도 깨뜨린다.

야고보서 1장 19절은 "사람마다 듣기는 속히 하고 말하기는 더디 하며 성내기도 더디하라"라고 말씀한다. 분노는 모든 사람에게 해당되는 감정이다. 인간이면 누구나 성을 낼 수 있다. 죄악의 결과로 우리 안에 분노가 존재한다. 분노는 내부의 적이다. 다른 사람이나 환경 때문이 아니라 내 안에 분노가 있다.

수도원에서 한 사도가 분노 때문에 다른 수도사와 자주 싸움을 일으켰다. 그러던 그는 회개하고 혼자 수도하겠다며 사막의 깊은 굴로 들어갔다. 어느 날, 찰흙으로 만든 물병에 물을 채우려는데, 물병이 자꾸 쓰러져 물을 쏟았다. 세 번이나 시도했는데 계속 실패하자 수도사는 분이 치밀어 물병을 바닥에 내동댕이쳤고 물병은 산산조각 났다. 그때 그는 분노가 다른 사람 때문에 생기는 것이 아니라 자기 안에 있다는 사실을 깨달았다.

분노를 다스리는 길

분노를 다스리는 첫 번째 길은 주님을 묵상하는 것이다. 분노할 때는 생각이 꼬리에 꼬리를 물며 더 깊어지기에, 무엇보다 '멈춤'(Stop)이 필요하다. 생각의 고리를 끊고 예수님을 바라보아야 한다. 예수님은 마음이 온유하고 겸손하셨으며, 의로운 분노는 내셨지만 개인적으로는 분노하신 적이 없다. 말씀을 묵상하고 온유함으로 받을 때 우리는 분노를 이길 수 있다.

"그러므로 모든 더러운 것과 넘치는 악을 내버리고 너희 영혼을 능히 구원할 바 마음에 심어진 말씀을 온유함으로 받으라"(약 1:21)

말씀을 묵상하고, 말씀대로 실천하는 것이 중요하다. 코로나 시기에 가정에 머무르는 시간이 많아지면서 다툼이 늘어난 것도 결국 분노 때문이다. 그럴 때는 잠시 자리를 피하거나 물 한 잔을 마시며 시간을 버는 것도 방법이다. 그 순간 주님을 묵상하고, 말씀을 떠올리며 분노를 다스려야 한다. 말씀을 내 마음에 담고, 말씀을 통해 주님의 마음을 품어야 한다.

두 번째 길은 분노를 지혜롭게 표출하는 것이다.

"급한 마음으로 노를 발하지 말라"(전 7:9).

분노의 뿌리는 급함에 있다. 따라서 'I Message'(나 메시지)를 사용해서 자신의 감정을 솔직하고 온유하게 표현하는 것이 필요하다. 특히 가정이 분노를 쏟아내는 대상이 되어서는 안 된다. 직장 상사 앞에서는 참으면서 가족에게는 화를 내는 것은 비겁한 일이다. 화는 반드시 후회를 남긴다. 그러므로 화를 적게, 더디, 그리고 지혜롭게 내야 한다. 감정을 솔직히 말하고 대화로 풀 때 관계가 지켜진다. 부부 간에, 부모 자녀 간에 힘들다고 서로 솔직하게 말하는 것이 중요하다.

우리는 분노와 싸우며 살아야 한다. 분노가 가득한 사회 속에서, 주님의 마음을 품고 온유함으로 반응하는 사람만이 하나님의 의를 이룰 수 있다. 결국 분노를 다스린다는 것은 주님의 마음을 닮아 가는 훈련이자, 신앙의 실천이다.

✦ 나는 언제, 어떤 상황에서 분노가 가장 쉽게 올라옵니까? 한순간의 분노가 인생을 망가뜨릴 수 있다는 사실에서 어떤 교훈을 얻을 수 있습니까?

✦ 분노로 인해 관계가 깨어지거나 후회로 남았던 경험이 있습니까? 분노를 느낄 때 생각의 고리를 끊고 예수님을 바라보는 것은 어떤 도움이 됩니까?

✦ 우리 공동체가 분노를 건강하게 다스리기 위해 서로 도울 수 있는 방법은 무엇입니까?

4.
나태에 대한 분투

나태, 치명적인 죄

흔히 사람들은 '나태'를 단순한 성격이나 습관 정도로 여긴다. 시기나 분노처럼 죄의식을 강하게 느끼지 않기에, 대체로 "그럴 수도 있지" 하고 넘어간다. 그러나 영적으로 볼 때 나태는 매우 치명적인 죄다. 게으름은 단순히 일을 하지 않는 문제가 아니라, 해야 할 중요한 일을 미루거나 외면하는 것이기 때문이다.

수도사들에게도 나태는 커다란 영적 공격이었다. 정오 무렵, 기도하고 노동해야 할 시간에 햇볕이 강하게 내리쬘 때면 졸음과 무기력이 몰려오면서 아무 것도 하기 싫어지기 때문이다. 초대 수도사들은 이런 상태를 단순한 피곤이 아니라 영적 시험으로 여겼다.

성경도 나태를 경계한다. 잠언 6장 6절은 "게으른 자여 개미에게 가서 그가 하는 것을 보고 지혜를 얻으라"라고 말씀한다. 개미는 지도자나 감독자가 없어도 스스로 부지런히 일하며 겨울을 준비한다. 여기서 강조되는 것은 단순한 부지런함이 아니라, 미래를 준비하고 자기 몫을 다하는 태도다.

그러나 부지런함이 무조건 좋은 것은 아니다. '어리석은데 부지런한 사람'은 오히려 위험하다. 방향 없이 열심인 사람은 많은 사람을 잘못된 길로 끌고 갈 수 있기 때문이다. 정말 중요한 것은 속도가 아니라 방향이며, 무엇을 위해 부지런한가가 더 본질적이다.

나태를 이기는 길

'나태'의 본질은 결핍이다. 해당 원어인 아케디아(akedia)는 '돌봄의 결핍'을 뜻한다. 목회자가 성도의 영혼을 돌보지 않는 것, 그리고 성도가 기도와 말씀, 예배를 소홀히 하는 것, 하나님과의 관계를 방치하는 것이 바로 나태다. 예수님조차 바쁜 사역 중에서도 새벽이면 한적한 곳으로 나아가 기도하셨다(막 1:35). 예수님께 가장 중요한 일은 하나님과의 교제였다. 하나님의 아들이신 예수님조차 기도를 놓치지 않으셨다면, 우리는 더 말할 나위가 없다.

나태를 이기려면 세 가지가 필요하다.

첫째, 중요한 일을 먼저 하는 것이다. 부지런함은 단순한 근면이 아니다. 진정한 부지런함은 중요한 일을 먼저 하고, 그 일에 집중하는 것이다. 반대로 나태는 중요한 일을 미루고 마음이 분산된 상태를 말한다. 중요한 일을 놓친다면 아무리 바쁘게 살아도 소용이 없다.

사람들은 대개 '급한 일'을 먼저 처리하지만, 진정으로 지혜로운 사람은 '중요하지만 급하지 않은 일'을 먼저 한다. 이런 일들은 당장 눈에 띄지 않는다. 문제가 생기지 않으니 소홀히 하기 쉽다. 그러나 일정한 시간이 지나면 결과의 차이가 분명히 드러난다. '급하지 않지만 중요한 일'을 꾸준히 실천하는 사람과 그렇지 않은 사람 사이에는 시간이 흐를수록 현저한 격차가 생긴다.

신앙생활도 마찬가지다. QT, 묵상, 예배, 기도는 급하진 않지만 절대적으로 중요한 일이다. 이런 일에 게으른 것은 죄악이다. 하루를 시작할 때 가장 먼저 하나님 앞에 나아가는 것, 그것이 바로 부지런함이다.

둘째, 사명에 집중하는 것이다. 집중하지 않는 것도 나태다. 나태는 단지 "아무것도 하지 않는 것"만이 아니라, 집중하지 못하는 상태를 말한다. 요나는 다시스로 가는 배를 타고 분주하게 움직였지만, 정작 자신의 사명을 외면했다. 그가 배 밑창에서 잠든 모습은 육체적으로는 게으르지 않아 보이지만, 영적으로는 나태의 대표적인 장면이다.

오늘날 우리는 정보 과잉, 스마트폰, 유튜브, SNS로 인해 집중력을 잃고 있다. 집중하지 못하면 기도도, 말씀도, 사명도 이루어지지 않는다. 사람이 게을러지는 이유는 해야 할 이유, 곧 사명을 잃었기 때문이다. 자신의 사명을 발견한 사람은 결코 게으를 수 없다. 감당할 사명과 부르심의 자리를 발견한 사람은 오히려 시간이 부족하다고 느낀다. 진정으로 부지런한 사람은 사명에 집중하는 사람이다.

나태가 가져오는 결과는 가난과 곤핍이다. 잠언 6장 10-11절은 이렇게 말씀한다. "좀더 자자, 좀더 졸자, 손을 모으고 좀더 누워 있자 하면 네 빈궁이 강도 같이 오며 네 곤핍이 군사 같이 이르리라." 게으름은 결국 삶을 무너지게 만든다. 영적으로도, 물질적으로도, 관계적으로도 가난하게 만든다. 하나님은 우리에게 부지런함을 요구하신다. 그것은 단순히 일에 대한 태도가 아니라, 하나님 앞에 진실하게 사는 태도이기 때문이다.

셋째, 오늘이라는 시간에 집중하는 것이다. 오늘이 중요하다. 세계적인 잡지왕 헨리 루스(Henry Luce)는, 사람들이 시간을 허비하는 모습이 미국 최대의 시사 주간지인 〈타임〉(TIME)의 창간 배경이 되었다고 밝힌 바 있다. 우리도 시간을 흘려보내지 말고 붙잡아야 한다. 오늘이라는 시간을 하나님께 드리고, 오늘 맡겨진 일에 최선을 다해야 한다. 오늘 하루에 충실한 사람이 진정 부지런한 사람이다.

사도 바울은 로마서 12장 11절에서 이렇게 말한다. "부지런하여 게으르지 말고 열심을 품고 주를 섬기라." 우리 모두 중요한 것에 집중하며, 사명을 따라 최선을 다하는 부지런한 제자로 살아가자. 무엇보다 오늘이라는 시간에 집중하자. 나태와 싸워 이기며 매일의 승리를 경험하는 인생, 그것이 결국 참된 승리의 인생이다.

| 나눔 질문 |

+ 일상 가운데 '돌봄이 결핍된 나태'를 경험한 적이 있습니까? 특히 하나님과의 관계를 방치한 영역은 무엇입니까?

+ 지금 내 삶에서 '급하지만 덜 중요한 일'과 '중요하지만 급하지 않은 일'의 균형은 어떠합니까? 하나님이 보시기에 가장 중요한 일을 '먼저' 하고 있는지, 아니면 '나중'으로 미루고 있는지 돌아봅시다.

+ 요나처럼 바쁘게 움직이지만 정작 사명에는 집중하지 못하는 모습이 우리에게도 있을 수 있습니다. 요즘 나의 분주함 속에서 놓치고 있는 사명이나 부르심은 무엇입니까?

5.
정욕에 대한 분투

정욕, 은밀한 파괴자

정욕은 인간 내면에 자리한 모든 강렬한 갈망을 의미한다. 그런데 여기에서는 '성적 욕망'이라는 좁은 의미의 정욕에 초점을 두려 한다. 오늘날은 '성(性)의 시대'라고 할 만큼 성이 개방되어 있다. 그리고 이성애뿐만 아니라 동성애까지도 심각한 사회적 이슈가 되고 있다. 성경은 이성에 대한 잘못된 정욕뿐 아니라 동성애까지도 분명히 죄라고 말한다(레 18:22; 20:13, 롬 1:26-27, 고전 6:9-10, 딤전 1:9-10). 그리스도인들에게 성적 갈망을 어떻게 다루느냐는 매우 중요한 문제다.

정욕 자체는 죄가 아니다. 하나님께서 우리에게 주신 갈망은 본래 선한 것이다. 식욕이나 수면욕이 죄가 아니듯, 정욕도 하나님이 주신 본능이다. 문제는 그것을 어떻게 사용하느냐이다. 정욕은 불과 같아서 잘 사용하면 인간에게 유익하지만, 잘못 다루면 큰 피해를 남긴다.

정욕으로 인한 죄가 다른 죄보다 특별히 더 크다고 할 수는 없다. 거짓말, 시기, 분노 등 다른 죄와 마찬가지로 모두 같은 죄다. 하지만 그것이 미치는 파장은 크고 회복조차 어렵다. 당사자뿐 아니라 배우자, 자녀, 공동체까지 깊은 상처를 입힌다. 정욕은 사람 안에 숨어 있고 남아 있다. 은밀성 때문에 다루기 힘들다. 아무도 모르는 내면의 싸움이다. 그래서 정욕의 죄가 더 어렵고 무섭다. 정욕의 죄는 원상복귀가 쉽지 않다. 성경은 정욕의 죄를 조심하라고 거듭 강조하며, 우리가 분투해야 한다고 권고한다.

정욕은 사용 목적이 철저히 이기적이다. 정욕은 선이나 평화, 교회나 공동체를 위한 것이 아니라 오직 자기만족과 쾌락을 위한 욕망이다. 그래서 정욕은 철저히 개인적인 영역이다. 내 안의 정욕은 배우자도, 부모도, 자식도, 목장 사람들도 교회 공동체도 알지 못한다. 오직 나와 하나님만이 아는 문제다. 그렇기에 우리는 정욕의 죄를 어떻게 다루고, 어떻게 분투해야 할지 깊이 생각해야 한다.

정욕과 분투하는 대응전략

구약의 요셉 이야기를 통해 정욕과 싸우는 데 필요한 두 가지 원리를 살펴볼 수 있다.

첫째, 하나님을 인식하는 것이다.

최근 창세기를 다시 읽으면서 요셉의 신앙에 큰 감동을 받았다. 요셉은 꿈이 있는 사람이었고 형통한 사람이었지만, 그보다 더 위대한 것은 그의 진실함이었다. 그는 사람이 볼 때나 보지 않을 때나 하나님 앞에서 늘 진실하려 했다. 요셉에게는 신전의식, 곧 '하나님 앞에서' 의식이 강했다. 이것이야말로 그가 유혹을 이길 수 있었던 비결이다. 요셉에게는 영적 브레이크가 있었다. 바로 하나님을 인식하는 마음이었다.

요셉은 보디발의 아내의 유혹을 거절하며 말한다. "내 주인이 집 안의 모든 소유를 간섭하지 아니하고 다 내 손에 위탁하였으니"(창 39:8). 그리고는 이같이 덧붙인다. "이 집에는 나보다 큰 이가 없으며 주인이 아무것도 내게 금하지 아니하였어도 금한 것은 당신뿐이니 당신은 그의 아내임이라 그런즉 내가 어찌 이 큰 악을 행하여 하나님께 죄를 지으리이까"(창 39:9). 요셉은 단순히 주인에게 죄를 짓는다고 생각하지 않았다. 하나님께 죄를 짓는 것으로 인식했다. 이것이 바로 요셉의 영적 제어장치였다.

사울 왕은 사람을 의식했지만, 요셉은 하나님을 의식했다. 신앙에는 두 부류의 사람이 있다. 하나님을 크게 인식하는 사람과 사람을 크게 인식하는 사람이다. 사람을 의식하는 사람은 사람이 보지 않을 때 제 마음대로 행동하지만, 하나님을 인식하는 사람은 누가 보든 상관없이 하나님 앞에서 진실하다.

하나님의 눈은 모든 것을 감찰하신다. 요즘은 CCTV와 QR코드 등으로 사람들의 모든 동선을 파악할 수 있다. 하물며 하나님의 눈은 얼마나 더 철저하겠는가. 하나님은 우리의 모든 것을 감찰하신다. 요셉은 집에 아무도 없을 때에도 하나님을 인식했다. 사람이 보든 보지 않든, 교회에 있든 직장에 있든 방 안에 있든, 중요한 것은 혼자 있을 때 진실한가이다. 혼자 있을 때의 모습이 진짜 나의 모습이다. 혼자 있을 때의 생각이 나의 생각이고, 혼자 있을 때의 행동이 나의 행동이다. 그러므로 우리는 늘 하나님을 인식해야 한다. 하나님을 인식할 때, 하나님께서 우리와 함께하신다.

요셉은 하나님을 인식했기에 하나님이 그와 함께하셨다. 그는 정욕을 이겼지만 공교롭게도 상이 아닌 감옥에 갇히는 신세가 되었다. 그러나 감옥에서도 하나님은 함께하셨다. 창세기 39장 21절은 "여호와께서 요셉과 함께 하셨다", 23절은 "여호와께서 그를 범사에 형통하게 하셨더라"라고 말씀한다.

하나님은 하나님을 인식하는 사람을 결코 버려두시지 않는다. 하나님은 늘 함께하시고 동행하시며, 형통하게 하신다. 이것이 바로 '코람데오'(Coram Deo), 곧 하나님 앞에서의 삶이다. 오늘 하루, 우리도 하나님을 인식하며 살아가야 한다. 수많은 성적 유혹 속에서도 하나님을 바라보며, 신전의식으로 정욕과 싸워 승리해야 한다.

둘째, 자신의 연약함을 아는 것이다.

요셉이 유혹을 이길 수 있었던 또 다른 이유는 자신이 연약한 존재임을 알았기 때문이다. 그는 정욕에 강한 사람이 아니었다. 우리와 똑같이 유혹에 약한 인간이었다. 창세기 39장 10절은 이렇게 말씀한다. "여인이 날마다 요셉에게 청하였으나 요셉이 듣지 아니하여 동침하지 아니할 뿐더러 함께 있지도 아니하니라." 요셉은 아예 유혹의 시작점을 잘랐다. 함께 있지도 않았다.

유혹에 견딜 수 있는지 끝까지 덤비는 사람은 어리석은 사람이다. 지혜로운 사람은 자신의 연약함을 안다. 우리는 모두 정욕에 약한 부분이 있다. 어거스틴(Augustinus)조차 젊은 시절 정욕의 노예였다. 그는 예수님을 만나 새 사람이 된 후 "새가 머리 위로 날아가는 것은 막을 수 없지만, 내 머리 위에 둥지를 트는 것은 막을 수 있다"라고 말했다. 정욕이 나에게 오는 것은 막을 수 없지만, 그것을 지속적으로 보고 행동으로 옮기는 것은 영적인 죄다.

성경에서 정욕을 이기는 데 실패한 대표적 인물은 삼손과 다윗이다. 이 둘의 공통점은 유혹의 자리를 피하지 않았다는 것이다. 삼손은 계속 블레셋으로 가서 들릴라를 만났고, 다윗은 밧세바를 보고도 눈을 돌리지 않았다. 사무엘하 11장에서, 다윗은 옥상에서 목욕하는 여인을 보고, 그 여인이 누구인지 알아본 뒤 결국 데려와 동침했다. 다윗은 얼마든지 피할 수 있었다. 하지만 그는 욕망을 따라 행동했다. 죄의 끈질김은 욕망이 채워질 때까지 모든 것을 집요하게 추구한다.

정욕은 단순히 약함의 문제가 아니라, 인간 본성의 문제다. 정욕의 뿌리에는 교만이 있다. "나는 괜찮다"는 교만이 정욕의 문을 연다. 그러므로 정욕에 약한 사람은 "주님, 저는 연약합니다. 도와주세요. 늘 주님을 의지합니다. 십자가를 바라봅니다."라고 자신의 연약함을 고백해야 한다.

어떤 책에서 읽은 이야기다. 수도사들이 수도원에 들어가 산악이나 동굴에서 수도를 해도 정욕은 여전히 작동한다고 한다. 주변에 여인이 없음에도 불구하고, 마음속 유혹은 여전하다. 그래서 교부들은 정욕이 찾아올 때 숨기지 말고 드러내라고 권면했다. 고백은 유혹의 힘을 약하게 만든다. 정욕은 은밀할수록 커지기에 오히려 드러내야 한다.

가정에서는 배우자에게, 목장에서는 지체들에게 서로의 연약함을 솔직히 나누며 기도해야 한다. 나 또한 정욕에 강한 사람이 아니다. 나도 약하다. 그래서 더욱 조심한다. 사탄은 리더 한 사람을 넘어지게 하여 공동체 전체를 무너뜨리려 한다. 그러므로 우리는 서로를 위해 기도하고, 늘 깨어 있어야 한다. 어느 곳에 있든 자신의 연약함을 인정하고 하나님 앞에 나아갈 때, 하나님께서 은혜를 주신다.

특히 유혹이 많은 자리를 피해야 한다. 술자리, 유흥업소, 파티 등은 모두 주의해야 한다. 오늘날 젊은 세대가 쉽게 노출되는 파티 문화에는 술뿐 아니라 마약까지 있다. 마약은 육체의 감각을 자극하여 절제를 무너뜨린다. 그러므로 스스로를 삼가고 하나님 앞에서 조심해야 한다. 하나님을 인식하고 십자가의 보혈을 의지하라고 성경은 말한다.

그리스도인은 정욕과 싸워야 한다. 정욕은 분투해야 할 대상이다. 자신이 약하다는 사실을 알고, 유혹의 자리를 피해야 한다. 싸움은 정면으로 부딪치는 것만이 능사가 아니다. 지혜롭게 피할 줄도 알아야 한다. 중국 병법에서 마지막 계책은 '36계 줄행랑'이라 하지 않는가. 피하는 것도 승리의 방법이다. 하나님은 우리가 정욕과의 분투에서 승리하는 사람이 되길 원하신다.

✦ 혼자 있을 때도 하나님을 인식하며 살아가고 있습니까? 일상에서 코람데오의 신앙을 어떻게 회복할 수 있습니까?

✦ 내가 인정해야 할 연약한 영역은 무엇입니까? 혹시 반복해서 넘어지는 유혹의 자리가 있다면, 그 자리를 구체적으로 어떻게 피하거나 차단할 수 있습니까?

✦ 최근 어떤 영역에서 '자기중심적 욕망'이 하나님보다 앞서 있습니까? 그 부분을 주님께 고백하며 다시 하나님의 시선으로 바라보려면 어떤 결단이 필요합니까?

6.
허영에 대한 분투

허영, 헛된 영화의 덫

'허영'이라는 단어는 허(虛)와 영(榮)의 합성어다. 허(虛)는 '헛된 것', 영(榮)은 '영화'를 뜻한다. 그러므로 허영은 '헛된 영화'이며, '허영심'은 그런 '헛된 영화'를 추구하는 마음을 가리킨다. 솔로몬은 성경에서 '헛되다'라는 말을 제일 많이 사용한 사람이다. 그는 전도서에서 인생을 돌아보며 "헛되고 헛되며 헛되고 헛되니 모든 것이 헛되도다"(전 1:2)라고 고백했다.

그렇다면 '헛된 것'이란 무엇인가? '헛되다'는 히브리어로 '헤벨'

인데, '수증기와 같다'라는 의미이다. '입김'과 같다는 것이다. 우리 입에서 나온 입김은 나오는 순간 사라진다. 마찬가지로 허영심이라는 것은 '헛되고 텅 빈' 것이다. 허영심은 본질적으로 아무것도 아닌데, 그것을 크게 여기고 높이는 데서 문제가 시작된다. 헛된 명예, 헛된 평판, 헛된 견해 등 사실은 아무것도 아닌데 자기가 그것을 크게 여기고 높게 생각하는 것이다.

이 '허영'이라는 말이 빌립보서에도 나온다. "아무 일에든지 다툼이나 허영으로 하지 말고 오직 겸손한 마음으로 각각 자기보다 남을 낮게 여기고"(빌 2:3). 허영심이 많은 사람은 쉽게 교만에 빠지고 다툼을 일으킨다. 세상에서는 허영이 문제 되지 않을 수 있지만, 하나님께서는 그것을 싫어하신다. 그래서 전통적으로 말하는 일곱 가지 치명적인 죄 중의 하나로 꼽는다. 우리는 이 허영심을 이겨야 한다.

허영심으로 포장된 인생일수록 그림자가 훨씬 짙다. 허영이 헛된 것이기 때문에 허영심이 크면 클수록 자기에게 돌아오는 헛된 마음과 공허함은 더 커진다. 자기 분수를 모르는 사람일수록 만족하지 못한다. 그리고 그 허영으로 인해 마음이 공허하기 때문에 마음속엔 늘 불만이 있다.

오늘날 그런 허영심을 잘 보여주는 것 중 하나는 SNS다. SNS는 좋은 소통의 장이다. 그런데 SNS의 핵심은 자기를 드러내는 것이다. 내가 어디 가서 무엇을 먹었고, 어디 가서 누구를 만났고, 무엇을 보았고 하는 것들을 자꾸 드러낸다. 자신을 드러내고 싶다는 것은 인정이나 관심을 받고 싶은 욕망을 말해 준다.

성경에서 허영심을 버린 대표적인 인물이 세례 요한이다. 그는 제사장의 아들이었음에도 불구하고 광야로 나갔다. '광야'는 히브리어로 '미드바르'인데 여기에는 특별한 의미가 있다. 하나님의 말씀을 뜻하는 '다바르'에서 파생된 '미드바르'는 문자적으로 '말씀 안에'를 의미한다. 바로 이것이 광야다. 세례 요한은 사람들의 존경과 인기보다 하나님의 말씀 앞에 서는 길을 걸었다. 하나님의 말씀을 놓치고 내가 있어야 할 곳을 제대로 알지 못하면 마음이 허해지기 쉽다. 그리고 이를 다른 것으로 채우려고 한다.

세례 요한과는 달리 예수님 당시 바리새인들과 서기관들은 광장이나 시장에서 사람들의 시선을 받는 것을 좋아했다. 그들은 자기 것을 뽐내고 경건을 이용해서 존경받기 원했다. 인기를 추구했고 명예를 사모했다. 그것이 바로 허영심이다.

크리소스톰은 "다른 죄악들은 마귀의 종이 되는 가운데 기생하지만, 허영심의 경우는 그리스도의 종의 자리에서도 기생할 수 있는 죄악이다"라고 말했다. 그만큼 허영심은 신앙의 자리에서도 쉽게 파고드는 치명적 죄다. 예수님께서는 기도할 때 골방에 들어가서 문을 닫으라고 하셨다(마 6:6). 골방에 들어가기만 하면 됐지, 왜 문까지 닫으라고 하셨을까? 모든 것을 차단하고 하나님과의 관계에서 하나님만 바라보는 것이 필요하기 때문이다.

허영을 이기는 길

요한복음 3장 30절에서 세례 요한은 "그는 흥하여야 하겠고 나는 쇠하여야 하리라"라고 말한다. 실로 놀라운 고백이 아닐 수 없다. 사실 그 당시 세례 요한은 예수님보다 인기가 더 많았다. 얼마든지 자기를 높이고 내세울 수 있었다. 그러나 오히려 예수님이 흥하여야 한다며 목소리를 높였다. 원어로 '흥한다'는 '더 늘어난다'는 뜻으로, '예수님에게 더 많은 사람들이 가야 한다'는 의미다. 반대로 '나는 쇠하여야 되겠다'는 것은 '내게 오는 사람들은 줄어들어야 된다'는 의미다. "나는 세상 죄를 지고 가는 하나님의 어린양 앞에서 그저 소리에 불과하다. 광야에 외치는 소리다. 모든 인류가 예수님에게 가야 한다." 구속사적으로 말하면 이러한 의미다. 이 얼마나 놀라운 고백인가?

그렇다면 우리는 어떻게 허영심을 이길 수 있을까?

첫째, 나를 높이는 것이 아니라 예수님을 높여야 한다. 나를 드러내는 대신 예수님을 드러내며 영화롭게 해야 한다. 이것이 신앙의 본질이다. 허영심 대신 예수 그리스도를 최고로 여기는 것, 예수님을 높이는 것이 피조물의 사명이다. 말씀 앞에 서고 기도의 골방에서 하나님만 바라볼 때 허영심은 힘을 잃는다. 나는 쇠하여지더라도 예수님을 흥하게 할 때 허영심에서 벗어날 수 있다. 예수님만 높이고 영화롭게 할 때 허영심과 싸워 이길 수 있다.

둘째, 내가 설 자리를 바로 알아야 한다. 사람들의 인정과 명예가 아니라, 하나님의 말씀과 은혜의 보좌 앞이 우리의 자리가 되어야 한다. 남이 알아주든 안 알아주든 주님 앞에 나아가야 한다.

"그러므로 우리는 긍휼하심을 받고 때를 따라 돕는 은혜를 얻기 위하여 은혜의 보좌 앞에 담대히 나아갈 것이니라"(히 4:16).

허영심을 버릴 때 하나님께서 친히 우리를 영화롭게 하신다.

세례 요한은 자신을 낮췄을 때, 오히려 하나님께로부터 "여자가 낳은 자 중에 세례 요한보다 큰 이가 일어남이 없도다"(마 11:11)라는 놀라운 칭찬을 들었다. 결국 내가 스스로 높아지는 것이 아니라, 하나님이 높여주실 때 참된 영화가 주어진다. 그러므로 헛된 영화가 아니라 하나님의 영화로 채워지기를 소망하자.

✦ 오늘날 우리 삶 속에서 드러나는 허영심의 대표적인 모습은 무엇
입니까? 또한 허영심은 왜 공동체 안에서 다툼과 교만으로 이어
집니까?

✦ 세례 요한이 "그는 흥하여야 하겠고 나는 쇠하여야 하리라"라고
고백할 수 있었던 이유는 무엇입니까? 이 고백이 내 삶에 적용된
다면 어떤 모습입니까?

✦ 내가 서 있는 자리가 하나님 앞이 아니라면, 결국 공허해질 것입
니다. 오늘 하루 말씀의 광야로 들어가 하나님만 바라보는 시간
을 가져봅시다.

7.
탐욕에 대한 분투

탐욕의 본질

우리는 먼저 스스로에게 "나는 탐욕적인가?"라는 질문을 던져야 한다. 일반적으로 시기, 분노, 정욕 등은 쉽게 '죄'로 인식되지만, 탐욕은 누구에게나 있는 것이라는 식으로 가볍게 여겨지기 쉽다. 특히 물질만능주의가 지배하는 오늘날 사회에서는 탐욕이 오히려 자연스럽고 정당한 욕구처럼 포장되곤 한다.

민수기 11장 4절은 탐욕의 실체를 잘 보여준다. "그들 중에 섞여 사는 다른 인종들이 탐욕을 품으매 이스라엘 자손도 다시 울며 이르되 누가 우리에게 고기를 주어 먹게 하라." 출애굽 후 광야에서 하나님은 이스라엘에게 매일 만나를 공급하셨다. 그러나 이스라엘 백성은 매일 주어지는 만나에 만족하지 못하고, 애굽에서 먹던 고기를 그리워하며 다른 음식을 요구했다.

탐욕은 이렇게 현재 하나님이 주시는 은혜(만나)에 만족하지 못하고, 그분이 주신 공급을 하찮게 여기며 다른 무엇을 집요하게 갈망하는 마음으로 드러난다. 하나님은 그들의 요구대로 메추라기를 주셨지만, "고기가 아직 이 사이에 있어 씹히기 전에" 심판을 내리셨다(민 11:33). 하나님이 그들에게 고기를 허락하셨음에도 심판이 임한 이유는, 그들의 마음 중심에 자리 잡은 탐욕, 즉 하나님으로 만족하지 못하는 태도 때문이었다. 이처럼 탐욕은 단순히 더 많은 것을 원한다는 차원을 넘어, 하나님으로 만족하지 못하는 마음에서 비롯된다. 하나님이 주신 은혜를 하찮게 여기고 끝없이 부족을 호소하며 다른 것을 요구하는 정신 구조가 바로 탐욕이다.

성경은 부(富)나 물질 자체를 악으로 규정하지는 않는다. 때로 부는 하나님의 복으로 소개되기도 한다. 그러나 부에는 위험이 따른다. 그것이 사람의 마음을 사로잡아 하나님을 온전히 섬기지 못하게 만들 수 있기 때문이다. 예수님도 "낙타가 바늘귀로 들어가는 것이 부자가 하나님의 나라에 들어가는 것보다 쉬우니라"(마 19:24)라고 말씀하시며, 물질의 힘이 하나님 나라 지향성을 약화시킬 수 있음을 경고하셨다. 다시 말해서 부 자체를 정죄하는 것이 아니라, 부가 마음을 하나님에게서 돌려놓는 강력한 유혹이 될 수 있다는 것이다.

사탄은 이 사실을 잘 알고 있었다. 예수님을 시험할 때 '돌로 떡을 만들라'는 제안을 첫 번째 시험으로 사용한 것이 그 증거다. 예수님이 40일 동안 금식하신 후 생리적 결핍이 극대화된 상태에서 사탄은 '먹을 것'이라는 물질적 필요를 자극했다(마 4:1-3). 사탄의 전략은 언제나 인간이 가장 강렬히 갈망하는 지점, 곧 식욕, 성욕, 명예욕, 재물욕 등을 정밀하게 겨냥한다. 그중에서도 식욕과 재물욕을 포함한 물질욕은 가장 기본적이면서도 강력한 시험 통로다.

예수님의 가르침은 이와 정면으로 대비된다. "한 사람이 두 주인을 섬기지 못할 것이니 … 너희가 하나님과 재물을 겸하여 섬기지 못하느니라"(마 6:24). 이 말씀은 '하나님도 섬기고 재물도 섬길 수 있다'는 절충의 여지를 완전히 차단한다. 예수님은 둘 중 하나를 궁극의 주로 선택해야 한다는 단호한 양자택일을 요구하신다. 사탄은 '둘 다 가능하다'는 효율성과 우선순위의 논리로 인간을 설득하려 들지만, 신앙은 단순한 우선순위의 문제가 아니라 '궁극적 충성의 대상'을 향한 문제다. 하나님과 재물을 동시에 '주'의 자리에 둘 수 없다는 것이 예수님의 단언이다.

성경은 심지어 탐심을 '우상숭배'로 규정한다(골 3:5). 이는 탐욕이 마음의 왕좌를 하나님과 다투는 실질적 신(神) 역할을 한다는 의미다. 다시 말해서 '하나님도 섬기고 물질도 섬긴다'는 것은 아침에는 교회에서 예배드리고 오후에는 다른 신전에서 절하는 것과 본질적으로 다르지 않다는 경고다.

'탐욕'(avarice)은 어원상 '어떤 것을 지나치게 갈구함'에서 비롯된다. 정상적 필요의 범위를 넘어선 '과도한 추구', '집착', 그리고 '통제 상실'이 탐욕의 핵심이다. 돈과 재물에 대한 만족이 사라지고, 소유가 정체성·안전·의미의 궁극적 근거로 대체될 때, 탐욕은 사실상 '내 하나님'의 역할을 수행한다. 이때 하나님도, 타인도, 심지어 자신의 장기적 영적 안녕도 시야에서 사라진다.

에베소서 5장 3절은 "음행과 온갖 더러운 것과 탐욕은 … 그 이름조차 부르지 말라"라고 말씀한다. 여기서 탐욕은 음행과 동일한 수준의 경계 대상으로 제시된다. 신자는 음행을 큰 죄로 인식하면서도 탐욕에는 둔감한 경우가 많지만, 사도는 동일한 주의 깊음을 요구한다. 탐욕은 은밀하게 영혼의 감각을 마비시키며, 겉으로 드러나 비난받기 전에 이미 내면의 구조를 변질시킨다.

오늘날 재정 정보와 투자 접근성이 높아지면서 그리스도인 중에서도 '시장 그래프'에 하루 종일 매달려 있는 모습을 흔히 찾아볼 수 있다. 탐욕을 경계하는 목적은 특정 투자 행위 자체를 일괄적으로 정죄하려는 것이 아니다. 문제는 마음과 시간이 전면적으로 점유되어 '땀 흘리는 건강한 노동'과 '하나님에 대한 의존'의 감각이 마비될 때, 그것이 탐욕과 결합하여 영적 위험을 증폭시킨다는 데 있다. 땀과 수고를 통한 정직한 노동은 창조 질서 속에서 하나님이 부를 주시는 일반적인 경로 중 하나이지만, 사행적·과도한 투기를 통한 급속한 이익 추구는 마음을 쉽게 탐욕의 회로로 끌어들인다.

탐욕을 이기는 길

탐욕은 시야를 좁혀 결국 자기 자신만 보게 한다. 십계명은 "네 이웃의 집을 탐내지 말라 … 무릇 네 이웃의 소유를 탐내지 말라"(출 20:17)라고 명령한다. 탐욕이 깊어질수록 사람은 자신의 소유에 만족하지 못할 뿐 아니라, 타인의 소유에 대한 욕망과 비교, 시기가 결합한다. '나도 갖고 싶다'라는 단순한 바람이 배우자와 가족을 포함한 타인의 관계, 지위, 재산까지 침범하는 방향으로 확장될 수 있다. 그렇다면 어떻게 탐욕을 이길 수 있을까?

첫째, 하나님 사랑과 이웃 사랑을 실천해야 한다. 탐욕과 싸우는 핵심 해법은 단순히 '탐욕을 없애야지' 하는 부정적 결심만으로는 작동하지 않는다. 성경적 길은 '하나님 사랑'과 '이웃 사랑'이라는 십자가의 두 축을 더 크게 하는 것이다. 하나님 사랑이 커질수록 물질이 차지하던 자리는 자연히 줄어든다. '마음과 목숨과 뜻을 다해' 하나님을 사랑하는 방향이 약화될 때, 물질은 빠르게 중심 자리를 차지한다.

디모데전서 6장 10절은 "돈을 사랑함이 일만 악의 뿌리가 되나니 이것을 탐내는 자들은 미혹을 받아 믿음에서 떠나 많은 근심으로써 자기를 찔렀도다"라고 경고한다. 문제는 '돈'이 아니라 '돈을 사랑함'이다. 사랑의 방향이 왜곡될 때 영적 미혹이 생기고, 결국 믿음에서 이탈하며 수많은 근심이 뒤따른다.

오늘날 소비주의 문화는 '편리함의 즉각적 확보'와 '불편의 최소화'를 당연한 전제로 내면화하도록 압박한다. 이전 세대가 훨씬 적은 자원으로도 감사와 만족을 누렸다면, 오늘날은 풍요 속에서도 결핍을 느끼며 헌신을 '불가능'하다고 여긴다. 이는 공급의 절대량 문제가 아니라 마음의 질서, 즉 사랑의 방향 문제다. 하나님을 더 사랑한다는 고백이 실제 재정 사용, 시간 배분, 관심의 흐름 속에서 검증되는지 점검해야 한다.

이웃 사랑은 탐욕의 자기중심을 해체하는 또 다른 축이다. 누가복음 16장에 나오는 부자와 나사로 비유를 보면, 부자는 문간에 있던 거지에게 무관심했다. 탐욕은 타인의 고통에 대한 감응 능력을 둔화시킨다. 예수님은 최종 심판의 장면을 통해 굶주린 자, 목마른 자, 나그네, 헐벗은 자, 병든 자, 옥에 갇힌 자에 대한 관심과 돌봄을 언급하셨다(마 25:34-36). 이는 행위 공로로 구원을 산다는 뜻이 아니라, 참된 믿음과 하나님 사랑이 구체적인 이웃 사랑의 열매로 검증된다는 신학적 구조를 보여준다. "지극히 작은 자 하나에게 한 것이 곧 내게 한 것"이라는 말씀(마 25:40)은, 물질 사용과 관심의 흐름이 곧 하나님께 드려지는 예배 행위임을 일깨워준다.

둘째, 물질을 가두지 말고 흘려보내야 한다. 물질의 건강한 흐름은 '흘려보냄'(flow) 속에서 유지된다. 유입만 있고 유출이 없는 저수지는 결국 썩듯, 재정도 순환과 나눔이 없다면 탐욕과 경직을 낳을 뿐이다. 헌신과 구제, 선교적 투자, 약자 돌봄은 '내 것' 중심의 구조를 재구성한다. 작은 금액이라도 의도적으로 약자와 공동체를 향해 열어 두면, 마음의 애착이 점차 하나님 나라의 가치로 이동한다.

가정이나 개인 차원에서 실천할 수 있는 중요한 방법은 '계획된 나눔'이다. 즉흥적 감정이 아닌, 의식적이고 정기적인 비율을 정해 헌금·구제·지원 항목을 선(先)배정하는 방식은 탐욕의 확장 여지를 줄이고 감사와 만족을 재학습하게 한다. 또한 '감사 기록'을 통해 하루 혹은 주 단위로 받은 은혜와 충족된 필요를 기록하는 습관은, 결핍 중심의 사고를 교정하는 데 도움을 준다.

탐욕의 근본 정서는 '부족감'과 '불안'이다. 하나님 사랑은 '하나님이 지금 주신 것으로 충분하다'는 신뢰를 강화하고, 이웃 사랑은 '나눠도 여전히 충분하다'는 실제 경험을 제공한다. 이 두 사랑이 십자가 형태로 교차할 때, 탐욕은 그 존립 기반인 결핍 공포를 잃게 된다.

결론적으로, 우리 모두의 마음속에는 크든 작든 탐욕의 씨앗이 존재한다. 그러나 그것을 억압하거나 자력으로 제거하려 하기보다, 하나님을 더 사랑하고 이웃을 더 사랑하는 방향으로 애착을 재배치

할 때 탐욕은 자연히 약화된다. 하나님 사랑과 이웃 사랑이라는 십자가 구조 안으로 반복적으로 돌아가는 영적 훈련, 곧 말씀 묵상, 감사, 규칙적 나눔, 약자 돌봄, 기도를 통해 우리는 탐욕과의 분투에서 승리할 수 있다.

| 나눔 질문 |

✦ 오늘날 탐욕은 쉽게 정당한 욕구로 포장되곤 합니다. 물질적 풍요 속에서도 더 큰 결핍을 느끼는 시대에, '조금 더 가지려는 마음'과 '탐욕'의 경계는 무엇입니까?

✦ 하나님보다 물질을 더 의지하게 되는 순간은 언제입니까? 하나님보다 나를 더 지배하는 영역이 있다면 어떻게 주님께 되돌려드릴 수 있습니까?

✦ 하나님 사랑과 이웃 사랑이 실제로 우리의 재정, 소비, 나눔의 방식 속에서 어떻게 드러날 수 있습니까? 공동체 안에서 탐욕을 이기는 구체적인 사랑의 실천을 생각해보세요.

8.
탐식에 대한 분투

탐식, 배를 신으로 삼는 죄

탐식이 죄일까? 보통은 탐식보다는 오히려 교만이 더 큰 죄라고 생각한다. 실제로 초대교회 교부들 중에는 '여덟 가지 죄'를 언급하며 교만을 포함시킨 경우도 있었다. 그래서 탐식이 '치명적인 죄악' 중 하나로 포함된 것이 의아했다. 그러나 기억해야 할 것은, '성령의 아홉 가지 열매'와는 달리 '일곱 가지 죄'는 하나님이 직접 정해주신 목록은 아니라는 것이다. 단지 초대교회 교부들이 하나님의 말씀을 묵상하고 실천하며 정리한 결과다.

사도 바울은 빌립보서 3장 19절에서 "그들의 마침은 멸망이요 그들의 신은 배요 그 영광은 그들의 부끄러움에 있고 땅의 일을 생각하는 자라"라고 말한다. 당시 빌립보 교회에는 유대주의자뿐 아니라 반(反)유대주의자들도 있었다. 영지주의의 영향을 받은 그들은 도덕적 삶을 부인하고 쾌락을 따라 살았다. 마음 가는 대로, 욕망이 이끄는 대로 살아간 것이다. 바울은 그들을 향해 "그들의 신은 배"라고 표현했다. 여기서 '배'는 인간의 육체적 욕망을 뜻한다. 즉, 빌립보 교회 안에 어떤 이들은 욕망을 섬기며 그것을 신으로 삼고 살았다.

이들은 "내 쾌락이 전부다. 내가 원하는 대로 살면 된다"라고 생각했다. 그런데 그렇게 되면 십자가를 부인할 수밖에 없다. 그래서 바울은 18절에서 "여러 사람들이 그리스도의 십자가의 원수로 행하느니라"라고 말한다. 예수님은 우리에게 십자가를 지라고 하셨는데, 이들은 십자가 대신 쾌락을 택했다. 결국 그들의 마지막은 멸망이었다.

왜 그들은 욕망대로 살았을까? 하늘나라 시민권을 바라보는 대신, 오직 세속적인 삶에만 마음을 두었기 때문이다. 그런 관점에서 보면 탐식이란 결국 '배를 충족시키는 행위', 곧 육체적 욕망을 만족시키는 것이다. 탐욕이 마음에 있으면, 그것은 종종 음식으로 드러난다. 탐욕의 또다른 형태가 바로 탐식인 셈이다.

현대 사회는 탐식을 죄로 여기지 않는다. 오히려 '미덕'처럼 소비한다. 대표적인 예가 '먹방'이다. 헬스장에서 운동하다 보면 웃음이 나올 때가 있다. 런닝머신을 뛰면서도 먹방 프로그램을 보고 있으니 말이다. 체중을 줄이려 뛰면서도, 동시에 먹는 즐거움을 놓지 못하는 현대인의 모습을 잘 보여준다.

초대교부들은 탐식을 매우 심각하게 보았다. 당시 먹을 것이 지금처럼 풍족했을 리 없는데도 탐식은 치명적인 죄로 인식되었다. 토마스 아퀴나스는 탐식을 일곱 가지 죄 중 첫 번째로 둘 정도였다. 흔히 식탐이라고 하면 단순히 '많이 먹는 것'으로 생각하기 쉽다. 하지만 비만이라고 해서 죄인이 되는 것은 아니다. 어떤 사람들은 까다롭게 자신이 좋아하는 음식만 고집하지만, 이것 역시 핵심은 아니다. 탐식의 본질은 '양'이나 '질'의 문제가 아닌 '동기'의 문제다. "왜 먹는가?" 이것이 식탐의 핵심이다.

예수님 당시 유대인들에게는 누구와 함께 식사하느냐가 신분과 지위를 결정짓는 문제였다. 그래서 창녀나 세리, 죄인과는 절대 식탁을 함께하지 않았다. 그러나 예수님은 이 관습을 깨뜨리셨다. 그래서 유대인들은 예수님을 향해 이렇게 말했다. "인자는 와서 먹고 마시매 너희 말이 보라 먹기를 탐하고 포도주를 즐기는 사람이요 세리와 죄인의 친구로다"(눅 7:34).

여기에서 '먹기를 탐한다'는 말이 나온다. 물론 예수님에게 식탐이 있는 것은 아니었다. 그들은 예수님이 죄인들과 식사하신 '동기'를 몰랐다. 예수님이 그들과 함께 하신 이유는 단 하나, 곧 복음을 전하고 그들의 영혼을 구원하기 위해서였다. 결국 중요한 것은 동기다. 얼마나, 무엇을 먹느냐가 아니라 왜 먹느냐이다. 우리는 먹기 위해 사는가, 아니면 살기 위해 먹는가?

탐식을 이기는 길

탐식에서 우리가 묵상할 첫째는, 먹는 행위가 하나님을 인식하는 시간이 되어야 한다는 것이다. 어떤 이는 "하나님이 우리에게 먹을 것을 주셨는데 왜 식탐까지 따지느냐?" 하고 반문할지 모른다. 그러나 하나님은 레위기를 통해 음식법을 주셨다. 신약시대에 폐지될 법을 주셔서 왜 음식을 구분하게 하셨을까? 그것은 음식을 주신 하나님을 기억하라는 의미다. 매일 세 끼를 먹을 때마다 하나님을 떠올리라는 것이다.

유대인들은 지금도 음식법(코셔법)을 철저히 지킨다. 피가 있는 고기를 먹지 않는다. 우리는 취향에 따라 스테이크를 미디엄 레어나 레어로 먹지만, 유대인들은 그런 고기를 먹지 않는다. 하나님이 그렇게 명하신 이유는 명확하다. 음식을 통해 하나님을 기억하라는 것이다. 인간은 먹을 때마다 하나님을 생각하고 "나는 피조물이다"라는 사실을 인식해야 한다.

하나님이 아담과 하와에게 명령하셨다. "동산 각종 나무의 열매는 네가 임의로 먹되 선악을 알게 하는 나무의 열매는 먹지 말라"(창 2:16-17). 그러나 그들은 먹었다. 배가 고파서가 아니라, 자기 마음대로 살고 싶어서 먹었다. 즉 동기가 욕망이었다.

창세기 3장 6절은 이렇게 기록한다. "여자가 그 나무를 본즉 먹음직도 하고 보암직도 하고 지혜롭게 할 만큼 탐스럽기도 한 나무인지라 여자가 그 열매를 따먹고 자기와 함께 있는 남편에게도 주매 그도 먹은지라." '먹음직', '보암직', '탐스러움', 이는 모두 욕망을 나타내는 표현이다. 먹음직은 '먹기에 좋다'라는 뜻인데, 하나님의 뜻을 거스르기에도 좋다는 의미가 포함된다. 보암직은 눈에 욕망이 가득하다는 의미다. 탐스러움 역시 욕망이다. 결국 이 세 가지 모두 자기 욕망을 채우려는 동기였다. 하나님의 뜻보다 자기 욕망을 따랐던 것이다.

우리 역시 음식을 먹을 때 이런 부분을 생각하지 않는다. 그러나 이제는 음식을 볼 때마다 스스로에게 물어야 한다. "나는 왜 먹는가?" 맛있어서 먹는 것이 아니라 그 순간 하나님을 인식해야 한다. 나는 과일을 볼 때마다 하나님을 떠올린다. 구원 다음으로 하나님이 주신 최고의 선물이 과일 같다는 생각이 든다. 복숭아, 포도, 사과, 배 등 제철 과일을 먹을 때면 모든 것이 하나님의 은혜임을 더없이 깨닫는다.

둘째, 식탐을 이기려면 분별이 필요하다. 그 방법 중 하나가 금식이다. 우리는 흔히 금식을 "하나님, 이것 안 들어주시면 밥도 굶겠습니다!"라는 결사의 행위로 여긴다. 하지만 성경에서 금식은 본질적으로 삶을 조율(tuning)하는 것이다. 오케스트라가 연주 전에 튜닝을 하듯, 금식은 우리의 영혼을 조율한다. 내가 너무 육신적이고, 욕심이 많고, 감정이 흔들릴 때 금식은 우리의 영혼을 정렬시킨다. 마틴 루터도 매주 금요일 저녁마다 한 끼를 금식했다.

우리는 다이어트를 위해 금식하지만, 성경에서 말하는 금식의 진짜 목적은 하나님의 뜻을 분별하는 데 있다. "너희는 이 세대를 본받지 말고 오직 마음을 새롭게 함으로 변화를 받아 하나님의 선하시고 기뻐하시고 온전하신 뜻이 무엇인지 분별하도록 하라"(롬 12:2). 식탐은 하나님의 뜻을 망각하게 한다. 맛집을 찾아 줄 서는 데 한 시간은 쓰지만, 주님을 사모하며 기다리는 데는 인색하다. 우리는 하나님의 뜻을 분별하는 데에도 마음을 들여야 한다.

이 세대는 철저히 육적인 세대다. 쾌락과 감각의 세대다. 먹을 것이 넘쳐난다. 로마가 멸망할 때도 그랬다. 귀족들은 배부르게 먹고 일부러 토한 뒤 다시 먹었다. 그것이 바로 '배' 문화다. 우리는 그렇게 되지 말아야 한다. 먹는 것이 죄는 아니다. 그러나 음식보다 하나님을 더 갈망해야 한다.

'분투하는 영성'의 결론은 하나다. 하나님을 바라보라, 하나님께 집중하라는 것이다. 내 안에 올라오는 욕망과 치열하게 싸우려는 것이다. 시기, 분노, 정욕, 나태, 허영, 탐욕, 탐식이 끊임없이 올라오더라도, 그것들을 제어하고 버리면서 주님께 나아가야 한다. 그럴 때 우리는 비로소 주님의 온전한 제자가 될 수 있다.

| 나눔 질문 |

+ 나는 '먹는 것'을 통해 하나님을 얼마나 의식하고 있습니까? 식탁 앞에서 감사기도를 드릴 때조차 진심으로 하나님을 기억하는 순간이 얼마나 됩니까?

+ "나는 왜 먹는가?"라는 질문 앞에서 어떤 생각이 듭니까? 내 안의 '배고픔'이 단순히 음식에 대한 갈망인지, 아니면 마음의 공허함이나 욕망을 채우려는 시도인지 돌아봅시다.

+ 금식은 단순한 절식이 아닌 삶을 조율하는 영적 행위입니다. 내 영혼이 흐트러지고 욕망이 커질 때, 어떤 방식으로 자신을 '튜닝' 합니까?

IV

승리를 위한 균형

신앙의 여정은 마치 '균형 잡기'와도 같다. 감정만 앞서면 순간의 열정은 크지만 금세 식어버리고, 의지만 내세우면 냉혹한 훈련은 남아도 기쁨은 사라진다. 그러나 성경은 감정과 의지, 뜻을 조화롭게 세우고 지켜내는 길을 보여준다.

하나님께서는 감정을 주셔서 그분과의 교제를 풍성하게 하셨고, 동시에 의지를 주셔서 시험과 환난 가운데도 흔들리지 않게 하셨다. 다니엘처럼 뜻을 세우고 끝까지 지킨 이들에게는 하나님의 놀라운 승리가 약속되어 있다.

승리는 어느 한쪽의 힘으로 이루어지지 않는다. 감정이 의지를 이끌고, 의지가 감정을 다스리며, 둘이 함께 하나님의 뜻 안에서 균형을 이룰 때에만 진정한 신앙의 승리를 경험할 수 있다. 우리가 붙드는 이 길은 쉽지 않지만, 균형을 잃지 않을 때 하나님께서 친히 승리의 관을 주신다.

1.
하나님을 아는 지성

하나님을 안다는 것

최근 테슬라 CEO 일론 머스크가 자신의 소셜미디어에 휴머노이드 로봇 옵티머스 2세대의 시연 영상을 공개했다. 불과 1분 18초짜리 영상이었지만, 그 로봇은 단순히 걷는 것을 넘어서 옷을 개고, 스쿼트 동작까지 취했다. 이제 로봇이 인간의 일을 상당 부분 대신할 수 있는 단계에 이른 것이다. 분명 편리한 면도 있지만, 동시에 많은 일자리가 사라지는 문제도 생긴다. 특히 통역사와 같은 언어 관련 직종은 앞으로 더욱 힘들어질 수 있다. 그런데 이처럼 인공지능과 로봇이 빠르게 발전하는 시대에, 가장 큰 문제는 사람들이 하나님을 알려고 하지 않는다는 것이다.

바울은 에베소서 3장 18-19절에서 이렇게 기도한다. "능히 모든 성도와 함께 지식에 넘치는 그리스도의 사랑을 알고 그 너비와 길이와 높이와 깊이가 어떠함을 깨달아 하나님의 모든 충만하신 것으로 너희에게 충만하게 하시기를 구하노라."

여기서 '안다'라는 단어는 헬라어 '기노스코'로, 단순한 지적 인식이 아니라 경험적으로 깨닫는 것을 뜻한다. 이는 히브리어 '야다'와도 연결되는데, 온몸과 마음으로 체험하는 앎이다. 바울은 단순히 인간적 이성을 넘어서는, 지식을 초월하는 하나님의 사랑을 알기를 기도한 것이다. 우리가 하나님을 안다는 것은 곧 그분의 사랑을 아는 것이다. 그분의 놀라운 사랑을 내가 깨닫는 것이다.

바울은 지성적으로나 열심으로나 누구보다 뛰어난 사람이었다. 그러나 그는 로마서 10장 2절에서 이렇게 고백한다. "내가 증언하노니 그들이 하나님께 열심이 있으나 올바른 지식을 따른 것이 아니니라." 이는 곧 자신의 고백이기도 했다. 열심은 있었지만 바른 지식이 아니었다는 것이다. 그릇된 지식이었다는 것이다. 그렇기에 우리는 반드시 하나님에 대한 올바른 지식을 가져야 한다. 성경은 하나님을 아는 지식이야말로 가장 고상한 최고의 지식이라고 말씀한다.

빌립보서 3장 8절에서도 바울은 "내 주 그리스도 예수를 아는 지식이 가장 고상하기 때문이라"라고 말한다. 여기서 '고상하다'는 말은 '탁월하다'(excellent)라는 의미다. 모든 지식 중에서 가장 탁월한 지식은 예수님을 아는 지식이다. 하나님을 아는 지식이다. 아무리 고래나 돌고래처럼 지능이 높은 피조물이라도 하나님을 알 수는 없다. 충성스러운 반려견이나 지능이 뛰어난 유인원도 하나님을 알지 못한다. 그러므로 연약하고 죄 많은 인간인 내가 하나님을 알 수 있다는 사실만으로도 바로 은혜이고 축복이 아닐 수 없다.

스펄전 목사도 이렇게 말했다. "하나님의 자녀의 관심을 끌 수 있는 가장 차원 높은 과학이자 가장 위엄 있는 철학은, 그가 아버지라 부르는 위대한 하나님의 이름과 본질과 인격과 사역과 행하심과 존재하심에 대해 연구하는 것이다." 하나님을 연구하고 공부하고 알고자 하는 이것보다 더 가치 있는 것은 없다는 말이다.

그리고 이같이 덧붙였다. "우리가 이 하나님을 깊이 묵상하면서 넘치도록 마음을 고양시키는 것이다. 당신은 자신의 슬픔을 잊으려 하는가? 그렇다면 당신 자신을 하나님의 가장 깊은 바다에 빠뜨려 보라. 그의 무한하심 속에 빠져보라. 그러면 당신은 휴식의 침상에서 원기를 되찾고 다시 힘이 넘쳐서 일어나게 될 것이다." 하나님을 아는 지식은 최고의 지식이자 가장 큰 만족이다.

칼빈 역시 "하나님께서 인간에게 주신 최고의 지식은 하나님에 대한 지식"이라고 했다. 하나님은 선하시며 인자하시다. 선하심은 창조주로서의 하나님을, 인자하심은 심판자이자 구원자로서의 하나님을 드러낸다. 그 사랑은 마치 어머니가 갓난아이를 돌보듯 우리를 지켜보신다. 그래서 우리는 두려워할 필요가 없다. 하나님을 아는 지식이 충만하면, 우리는 외로움과 상처, 배신과 슬픔 속에서도 흔들리지 않고 감정을 다스릴 수 있다.

자기 존재를 비추는 거울

또한 하나님을 알아야 우리 자신을 알 수 있다. 이것을 신학자들은 '이중 지식'이라고 부른다. 하나님에 대한 지식이 있으면 동시에 인간에 대한 지식, 곧 "나는 죄인이다"라는 깨달음이 따라온다. 바울이 다메섹 도상에서 예수님을 만나 "주여, 누구십니까?"라고 물었을 때, 그는 사실 "나는 죄인입니다"라고 고백한 것이나 다름없다. 하나님을 알 때 비로소 자신을 알게 된다. 하나님은 거룩하시고, 나는 죄뿐이라는 것을 깨닫게 된다.

모든 인간은 어떤 존재인가? 바로 죄인이다. 이것이 인간에 대한 참된 지식이다. 바울은 하나님을 아는 지식을 가장 고상한 것으로 여겼다. 동시에 그는 인간이 어떤 존재인가를 존재론적으로 깊이 깨달았다. 그것이 바로 다메섹 체험이다.

바울은 철저히 자기 의로 똘똘 뭉친 사람이었다. 율법에 능통했고, 누구보다 열심히 신앙생활 했다. 그 열심이 너무나 강해서 예수 믿는 사람들을 잡으러 다메섹까지 직접 찾아갔다. 예루살렘에서 약 100킬로미터나 떨어진 곳이다. 말하자면 '원정'을 간 것이다. 마치 한국 축구 팬들이 월드컵 응원을 위해 카타르까지 원정 가는 것과 비슷하지만, 바울의 열심은 그보다 훨씬 더했다.

그런데 다메섹 근처에 이르렀을 때, 홀연히 하늘에서 빛이 비추었다. 그 빛에 바울은 쓰러지고 엎드렸다. 그 순간 하늘에서 소리가 들렸다. "대답하되 주여 누구시니이까 이르시되 나는 네가 박해하는 예수라"(행 9:5). 여기서 바울은 이렇게 묻는다. "주여, 누구십니까?" 이 질문이 바로 바울 인생의 터닝 포인트가 되었다.

모세도 호렙산에서 하나님을 만났을 때, 백성들의 질문을 대신해 "그들이 내게 묻기를 그의 이름이 무엇이냐 하리니 내가 무엇이라고 그들에게 말하리이까"(출 3:13)라고 물었다. 그러자 하나님은 "스스로 있는 자"(I AM WHO I AM)라고 가르쳐 주셨다.

이와 같이 바울도 다메섹 도상에서 예수님을 만나 "주여, 누구십니까?"라고 물은 것이다. 그런데 사실 이 질문은 단순히 주님에 대한 질문이 아니었다. 동시에 자신에 대한 깨달음이었다. "주님, 누구십니까?"라는 말은 곧 "나는 죄인입니다"라는 고백이었다. 베드로가 "나는 죄인이니 나를 떠나소서"라고 말했던 것처럼, 바울도 그 순간 자기 의로 가득 차 있던 자신을 주님 앞에서 보게 되었다. 예수님을 인격적으로 만나는 그 자리에서 그는 비로소 자신이 죄인임을 깨달은 것이다.

다시 말해서 하나님을 알지 못하면 자기 자신도 알 수 없다. 이것은 중요한 진리다. 하나님을 아는 지식은 인간의 부패한 실상을 비

IV. 승리를 위한 균형

춰주는 맑은 거울과 같다. 거울을 볼 때 우리는 거울을 보는 것이 아니라, 그 거울에 비친 자신을 본다. "주여, 누구십니까?" 이 질문 속에서 바울은 하나님을 알고, 하나님을 통해 자신을 본 것이다. 하나님은 거룩하시다. 그 거룩한 분 앞에 설 때, 인간은 죄인일 수밖에 없다. 그래서 우리는 하나님을 알아야 한다. 하나님을 알아야 비로소 자신을 알 수 있다.

1980-90년대 수련회나 부흥회를 떠올려보라. 첫째 날 설교 주제는 어김없이 회개였다. "천부여 의지 없어서 손 들고 옵니다"라는 찬송을 부르며 다들 눈물로 회개했다. 수련회 첫날이면 눈물, 콧물로 회개하며 자복하던 그때 말이다.

하나님을 아는 지식이 있어야 나 자신이 어떤 존재인지, 내 안의 죄악이 무엇인지 깨닫게 된다. 이처럼 하나님을 아는 지식은 단순히 신학적 이해가 아니라, 자기 존재를 비추는 거룩한 거울이다. 바울이 "주여, 누구십니까?"라고 물었을 때, 그는 동시에 "나는 죄인입니다"라고 고백하고 있었던 것이다.

하나님을 아는 것의 네 가지 차원

성경이 말하는 인간은 한마디로 죄인이다. 그 말은 곧 "인간은 하나님의 은혜 없이는 살 수 없는 존재"라는 뜻이다. 성경은 인간은 하나님을 의지하지 않으면 아무것도 아니라는 사실을 계속해서 말씀한다. 이것이 바로 하나님에 대한 지식과 세상에 대한 지식의 차이다. 하나님을 아는 지식은 인간이 어떤 존재인지를 알게 하며, 그 깨달음은 곧 "나는 죄인이다"라는 철저한 인식으로 이어진다.

하나님을 안다는 것은 하나님의 말씀을 알고 그 말씀에 반응하는 것이다. 기독교는 계시의 종교다. 계시의 종교란 하나님께서 자신을 우리에게 알려주신다는 뜻이다. 하나님은 자연과 양심과 말씀, 이 세 가지 방식으로 자신을 드러내신다. 자연과 양심은 모든 사람에게 주어진 일반 계시이고, 성경은 예수 그리스도를 믿는 자들에게 주어지는 특별 계시다.

성경이 계시의 말씀이라는 것은, 그 내용이 초월적이고 신적이라는 의미다. 그러나 하나님께서는 이 신적 말씀을 인간적인 방식으로, 즉 약 40여 명의 저자들을 통해 문자로 기록하게 하셨다. 인쇄와 언어라는 인간의 수단을 통해 우리에게 말씀하신 것이다. 따라서 하나님의 말씀을 알고, 그 말씀에 반응하는 것이 하나님을 아는 것이다. 하나님을 아는 것은 단지 머리로만 이해하는 것이 아니다. 말씀 속에서 하나님을 경험하고, 그분의 인격을 체험하며, 그로 인해 삶이 변화되는 것, 그것이 진정 하나님을 아는 것이다.

제임스 패커(James Packer)는 그의 저서 《하나님을 아는 지식》(*Knowing God*, IVP)에서 '하나님에 대한 지식'(knowledge about God)과 '하나님을 아는 지식'(knowledge of God)을 달리 구분한다. 하나님에 대한 지식은 간접적이고 이론적인 반면, 하나님을 아는 지식은 직접적이고 인격적인 것으로 보았다. 하나님에 대한 지식은 공부로 얻을 수 있지만, 하나님을 아는 지식은 하나님과의 만남과 교제를 통해서만 얻을 수 있다는 것이다.

패커는 이렇게 말한다. "하나님을 아는 약간의 지식이 하나님에 대한 많은 양의 지식보다 값지다." 아무리 신학적으로 해박하다 해도 하나님을 만난 경험과 교제의 실제가 없다면, 그는 단지 많은 양의 정보를 가졌을 뿐 생명 없는 지식을 가진 사람일 뿐이다. 20년, 30년 동안 교회를 다녔어도 하나님에 대한 지식만 있다면 그것은 껍데기이다. 알맹이가 아니다.

패커는 말한다. 오늘날 한국 교회, 나아가 현대 교회의 가장 큰 문제는 하나님을 잘 모른다는 것이다. 그는 '하나님을 안다는 것'을 네 가지로 정리한다.

1. 하나님의 말씀을 듣고 성령께서 해석하신 대로 받아들이며 자신에게 적용하는 것

   하나님을 아는 첫걸음은 말씀을 듣는 것이다. 그 말씀을 성령의 해석대로 받아들이고, 자신의 삶에 적용하는 것, 이것이 하나님을 아는 것이다.

2. 계시된 말씀과 하나님의 사역을 통해 그분의 신성과 속성을 아는 것

   하나님의 속성은 크게 두 가지로 나타난다. 하나는 선하신 하나

님(창조주 하나님), 다른 하나는 인자하신 하나님(심판주이자 구원주 하나님)이다. 그분의 선하심과 인자하심을 깨닫는 것이 하나님을 아는 것이다.

3. 하나님의 부르심을 받아들이고 그분이 명하신 대로 행하는 것

하나님의 말씀을 듣고, 받아들이고, 행동에 옮기는 데까지 나아가는 것이 하나님을 아는 것이다.

4. 하나님과의 친교 속에서 그분의 사랑을 깨닫고 그 안에서 즐거워하는 것

하나님을 체험함으로써 그분이 주시는 기쁨과 즐거움을 누리는 것이 하나님을 아는 것이다. 하나님을 생각할 때 기쁨이 솟고, 그분으로 인해 즐거워지는 그 상태가 바로 하나님을 아는 것이다.

'생각하지 않은 죄'의 위험

우리가 진정으로 누군가를 사랑하면, 그 사람으로 인해 기쁨이 충만한 것처럼, 하나님도 마찬가지다. 그분을 생각할 때 마음이 뜨거워지는 단계까지 나아가는 것이 하나님을 아는 것이다.

달라스 윌라드(Dallas Willard)는 《마음의 혁신》(복있는사람)에서 이렇게 말한다. "지식을 바탕으로 우리 생각이 성경에 그려진 하나게 머물면 결과적으로 하나님을 뜨겁게 사랑하게 되고 그 사랑은 우리로 하여금 꾸준히 하나님을 생각하게 한다." 결국 하나님을 안다는 것은 꾸준히 하나님을 생각하는 것이다. 생각하는 그리스도인이 얼마나 중요한가!

'생각이 없다'는 것이 얼마나 무서운 일인지 역사가 증언한다. 독일이 나치 시절 600만 명의 유대인을 학살했다. 그 수는 과거 서울시의 전체 인구수에 해당된다. 언젠가 아우슈비츠 수용소를 방문한 적이 있는데, 그곳의 참혹함은 지금도 몸서리쳐질 만큼 충격적이었다. 그 학살의 중심에 있었던 인물 중 한 명이 바로 아돌프 아이히만이었다. 전쟁 후 그는 아르헨티나로 도피했지만, 결국 붙잡혀 1961년 예루살렘에서 공개 재판을 받았다. 많은 이들이 그의 참회를 기대했지만, 오히려 그는 재판석에서 이렇게 반문했다. "모두가 유죄인데 왜 나만 유죄라고 하는가?" 사실, 아이히만은 외형적으로는 매우 성실하고 충성스러운 공무원이었다. 근면한 가장이었고, 철학자 칸트의 도덕 철학을 읽을 정도로 지식인이었다. 그러나 그는 생각 없이 명령에만 순종했다. 그의 죄는 '생각하지 않은 죄'였다.

생각 없는 그리스도인, 생각 없는 지식인, 이것이 얼마나 위험한가. 하나님에 대한 지식을 갖는다는 것은 곧 내 생각이 하나님에 의해 통제되는 것을 말한다. 다시 말해 성령의 생각, 영의 생각으로 살아가는 것을 의미한다. 결국 생각이 변하는 것은 세계관의 변화다.

고정관념과 선입견으로 가득한 사람은 결코 변화하지 않는다. 세

계관이 바뀌어야, 생각이 새로워져야 영혼이 새로워진다. 머리가
바뀌어야 삶이 바뀐다.

| 나눔 질문 |

+ 우리는 지식을 쌓는 데 열심이면서도, 하나님을 아는 지식에는
  소홀할 때가 많습니다. 일상에서 하나님을 아는 지식을 더욱 깊
  이 얻기 위해 실천할 수 있는 습관은 무엇입니까?

+ 하나님을 아는 지식이 거울처럼 내 죄를 비추어 줄 때, 나는 그
  앞에서 어떤 태도를 취합니까? 회개하며 나아갑니까, 아니면 외
  면합니까?

+ 나의 생각과 세계관은 지금 하나님을 아는 지식에 의해 변화되고
  있습니까? 그렇지 않다면 무엇이 내 생각을 지배하고 있습니까?

2.
따뜻한 감성

감정의 중요성

오늘날은 감성의 시대라고 해도 과언이 아니다. 설교 역시 감성을 자극하고 호소하는 방식이 많은 사람들의 공감을 얻는다. 감성이 풍부한 사람이 인기도 끌고 영향력을 발휘하는 모습도 볼 수 있다. 사실 전통적인 교회에서는 속사람의 변화와 성장을 위해 바른 지식이 무엇보다 필요하다고 강조해 왔다. 그래서 성경 공부를 통한 학습 영역을 다루는 데 집중했다. 반면 감정은 상대적으로 하위에 속한다고 여겨, 교회 안에서 별로 중요하게 다루지 않았다. 죄책감, 격정, 두려움, 슬픔, 패배감 같은 부정적인 정서들 때문에 신앙과는 무관하다고 생각한 것이다. 그래서 지성과 의지는 강조했지만, 감성적인 부분은 부족했던 것이 사실이다.

그렇다면 하나님께도 감정이 있을까? 하나님은 지혜로우시고 전능하시지만, 동시에 성경은 하나님이 기뻐하시고(창 1-2장) 슬퍼하시며 진노하신다고 말한다. "하나님이 보시기에 좋았더라"라는 표현에서 알 수 있듯, 감정은 하나님의 형상 가운데 하나이며, 우리는 그 형상을 따라 지음 받았다. 따라서 감정은 신앙의 중요한 요소다.

예수님의 명령 또한 감정과 깊은 관련이 있다. "두려워하지 말라"(마 14:27), "용서하라"(막 11:25), "서로 사랑하라"(요 13:34), "기뻐하고 즐거워하라"(마 5:12)와 같은 말씀은 모두 감정을 다룬다. 결국 감정은 단순한 보조 요소가 아니라 예수님의 말씀 속에 담긴 중요한 명령이었다. '기도하라', '깨어라', '전도하라' 이런 말씀과 동시에 하나님께서 우리에게 주신 명령, 또 예수님께서 말씀하신 것이 바로 감정에 관한 메시지라는 것이다.

조나단 에드워즈 역시 감정의 가치를 강조했다. "참된 신앙은 영혼의 두 가지 기능에 의해 나타난다. 사물들을 분별하여 살피고 판단하는 지성과, 살피고 생각하는 것들에 관해 어떤 식으로든 마음이 기울어지게 하는 성향이다. 이 성향에 의해 지배받는 작용은 의지라고 하고, 성향에 기울어지는 마음을 감정이라고 한다."

사람의 심적 요소를 플라톤이나 어거스틴처럼 지(知), 정(情), 의(意)

로 나누는 것이 일반적이나, 조나단 에드워즈의 경우는 두 부분으로 나누었다. 플라톤이나 어거스틴은 지성과 감정(affection)에 의해 참된 신앙이 나타나며, 감정을 단순한 기분이 아니라 의지와 연결된 중요한 신앙의 기능으로 보았다. 에드워즈는 감정을 하나님의 선물로 정의했다. 감정은 변덕스럽고 때로 부정적으로 흐르기도 하지만, 본질적으로 하나님께서 주신 귀한 선물이다.

감정은 감동을 낳는다

감정이 중요한 이유는 밖으로 드러나게 되어 있기 때문이다. 감정은 영어로 '이모션'(emotion)인데, '밖으로'(e)와 '움직이다'(motion)의 합성어다. 즉, 감정은 안에 머무는 것이 아니라 반드시 밖으로 드러나게 된다. 감사의 감정은 하나님께 감사와 찬양으로 나타나고, 사랑의 감정은 타인을 향한 섬김으로 드러난다. 반대로 미움은 갈등을 낳고 심지어 파괴적 결과로 이어지기도 한다. 그렇기에 감정은 중립적이며, 그것을 어떻게 다루느냐에 따라 선한 열매를 맺거나 해로운 결과를 낳는다.

감정을 잘 다스릴 때 비로소 변화와 성숙이 이루어진다. 감정을 통제하지 못하면 미성숙하게 행동하며, 감정을 다스리는 사람이 성숙한 사람이다. 그러므로 감정은 결코 가볍게 여길 수 없는 신앙의 중요한 부분이다.

성경을 보면 '마음'과 '감동'은 늘 함께 움직인다. 마음이란 곧 감정이다. 마음이 있으면 그 마음으로부터 감동이 흘러나온다. 출애굽한 이스라엘 백성들이 성막을 짓는 장면을 생각해보자. 하나님께서 원하신다면 성막을 단번에 뚝딱 지으실 수도 있었을 것이다. 그러나 하나님은 그렇게 하지 않으셨다. 오히려 백성들에게 그들이 가지고 있는 은과 금을 내놓으라고 하셨다.

그렇다면 그들이 그 귀한 것들을 언제 얻었는가? 놀랍게도 출애굽할 때 애굽 사람들이 스스로 은과 금, 패물들을 이스라엘 백성에게 주었다(출 12:35-36). 참으로 신비로운 하나님의 섭리다. 하나님께서 왜 그렇게 하셨을까? 그 이유는 분명했다. 바로 그 은과 금을 성막 짓는 데 사용하기 위함이었다.

생각해보라. 광야에서 40년을 지낼 동안 은과 금이 무슨 필요가 있겠는가? 사막 한가운데서 다이아몬드를 가지고 있어도 아무 쓸모가 없지 않은가? 그런데 알고 보니 하나님은 이미 그 모든 것을 성막 건축을 위해 예비해 두셨던 것이다. 그런데 문제는 인간의 마음이다. 광야에 있으면서도 사람들은 여전히 은과 금, 패물을 탐한다. 예나 지금이나 사람들 마음은 변하지 않는다.

그런데 출애굽기 35장 21절을 보면 이렇게 기록되어 있다. "마음이 감동된 모든 자와 자원하는 모든 자가 와서 회막을 짓기 위하여 그 속에서 쓸 모든 것을 위하여, 거룩한 옷을 위하여 예물을 가져다가 여호와께 드렸으니." '마음이 감동된 모든 자', 바로 여기에 중요한 진리가 있다. 마음이 감동된다는 것은 감정이 움직인다는 뜻이다. 이 감정이 움직이니 감동이 생기고, 그 감동이 행동을 낳는다. 그 결과 첫 번째 성막, 곧 회막이 세워졌다. 회심(回心)도 마찬가지다. 회심은 감동에서 시작된다. 진정한 감동이 있을 때, 그 감동이 마음을 변화시키고 결국 회심을 낳는 것이다.

5만 번 기도 응답을 받은 조지 뮬러의 사례도 그렇다. 그는 신학도였지만 20세 무렵까지 방탕하고 부도덕한 삶을 살았다. 그러나 어느 날 친구를 따라간 기도 모임에서 깊은 감동을 받았고, 그 순간 예수님을 인격적으로 만났다. 그는 선교사로 헌신하고, 영국 브리스톨에서 고아원을 운영하며 오직 기도로만 사역을 이어갔다. 뮬러의 삶은 '감동이 회심을 낳고, 감동이 기도를 낳는다'는 사실을 보여준다. 지성이 말씀을 낳는다면, 감성은 기도를 낳는다고 할 수 있다.

사랑에 이르는 감정과 마음

성경은 '감정'이라는 단어 대신에 '마음'이라는 표현을 사용한다. 성경 속에서 '마음'은 무려 858번 등장한다. 그 가운데 '정신'은 204회, '의지'는 195회, '감정'은 16회 정도 나온다. 이 통계를 보면 '마음'이 얼마나 중요한지를 알 수 있다. 성경이 말하는 감정은 바로 '마음'이다. 마음은 곧 감정의 좌소(座所), 감정의 중심이다.

우리가 "마음이 상했다"라고 말할 때 그것은 곧 감정이 상했다는 뜻이다. "마음이 기쁘다"는 말은 감정이 기쁘다는 것이고, "마음이 슬프다"는 것은 감정이 슬프다는 의미다. 그러므로 성경에서 말하는 '마음'이란 단어를 '감정'으로 이해해도 크게 다르지 않다.

그렇다면 성경 전체의 주제는 무엇일까? 성경은 66권, 1,189장, 54,240절로 되어 있다. 이런 숫자는 몰라도 좋다. 그러나 성경 전체가 말하고자 하는 핵심 주제는 반드시 알아야 한다. 그것은 단 두 가지, 하나님 사랑과 이웃 사랑이다. 왜 기독교가 '사랑의 종교'라 불리는가? 성경 전체가 바로 하나님 사랑과 이웃 사랑을 말하고 있기 때문이다.

마가복음 12장을 보면, 한 서기관이 예수님께 나아와 묻는다. "모든 계명 중에 첫째 되는 계명이 무엇입니까?" 그때 예수님께서 대답하신다. "예수께서 대답하시되 첫째는 이것이니 이스라엘아 들으라 주 곧 우리 하나님은 유일한 주시라 네 마음을 다하고 목숨을 다하고 뜻을 다하고 힘을 다하여 주 너의 하나님을 사랑하라 하신 것이요 둘째는 이것이니 네 이웃을 네 자신과 같이 사랑하라 하신 것이라 이보다 더 큰 계명이 없느니라"(막 12:29 - 31).

성경이 사랑을 말하는 이유는, 하나님의 사랑이 예수 그리스도를 통해 우리에게 왔기 때문이다. 그 사랑이 십자가의 사랑이다. 그리고 그 사랑을 받은 우리에게 하나님은 이렇게 요구하신다. "네 마음을 다하여 하나님을 사랑하라." 여기서 말하는 '마음'이 곧 '감정'이다. 예수님은 먼저 마음을 언급하신다. 과연 우리는 마음을 다해 하나님을 사랑하고 있는가? 정말 감정을 다해 하나님을 사랑하고 있는가? 하나님은 바로 그것을 우리에게 요구하신다.

또한 "네 이웃을 네 자신과 같이 사랑하라" 하셨다. 그것도 역시 마음을 다해, 감정을 다해 사랑하라는 뜻이다.

그런데 문제는 우리의 감정이 너무 가변적이라는 것이다. 감정은 언제나 요동치고 쉽게 변한다. 뿐만 아니라 여려서 쉽게 상처받는다. 그래서 하나님을 꾸준히 사랑하고, 이웃을 지속적으로 사랑하기가 어렵다. 그래서 감정의 치유가 필요하다. 감정의 치유 없이는 하나님 사랑과 이웃 사랑을 온전히 실천할 수 없다.

히브리서 12장 15절은 '쓴 뿌리'가 마음을 더럽게 하여 사랑을 방해한다고 경고한다. "너희는 하나님의 은혜에 이르지 못하는 자가 없도록 하고 또 쓴 뿌리가 나서 괴롭게 하여 많은 사람이 이로 말미암아 더럽게 되지 않게 하며." 여기서 '쓴 뿌리'란 인간 내면 깊숙이 자리한 상처와 감정의 뿌리를 말한다. 이 쓴 뿌리가 깊으면 깊을수록 하나님을 사랑하고 이웃을 사랑하는 일이 어려워진다. 우리 안에 있는 그 상한 감정이 회복되어야 진정한 사랑이 가능하다.

성령과 감정의 관계

그렇다면 성령과 감정은 어떤 관계일까? 성경은 성령이 우리의 마음을 터치하실 때, 우리의 감정이 뜨거워질 수 있다고 말한다. 성령의 역사는 우리의 감정을 무시하지 않는다. 다만 주의해야 할 것은, 우리의 감정이 때로는 부정적으로도 작용할 수 있다는 점이다. 맹목적이거나 치우친 감정은 건강하지 않다.

예를 들어, 우리가 기도회를 할 때 마음이 뜨거워지면 "오늘 성령이 역사하셨다"라고 생각하기 쉽다. 그러나 마음이 뜨거워지는 것이 꼭 성령의 역사라고 단정할 수는 없다.

찰스 피니(Charles Finney)는 성령의 역사를 일으키기 위해 인간의 감정을 인위적으로 고조시키려 했다. 찬송을 반복하고, 북을 치며 분위기를 높이는 등의 방법으로 사람들의 감정을 자극했다. 그의 의도는 단순했다. 당시 교회가 너무 차갑고 나태했기 때문이다. 장로교 예배는 너무 엄숙해서, 바늘 하나만 떨어져도 소리가 들릴 정도로 고요했다고 한다. 피니는 그런 예배를 보며, "교회가 잠들었다"고 느꼈다. 그래서 감정을 일으켜 사람들의 영적 생명을 깨우려 한 것이다.

물론 피니도 감정의 흥분이 기독교의 본질이 아니라고 분명히 말했다. 감동은 중요하지만, 감동이 전부는 아니다. 그러나 그의 시도는 우리에게 중요한 교훈을 남긴다. 맹목적인 감정은 위험하지만, 감정을 통해 성령을 경험하고 하나님의 은혜를 느끼는 것은 매우 중요한 일이라는 것이다.

우리 공동체가 예배할 때마다, 성령께서 여러분의 감정을 만지시고 뜨겁게 하시기를 소망한다. 예배 속에서 하나님을 느끼고 경험하는 감정의 역사가 일어나기를 바란다. 찬양도 마찬가지다. 오늘날 우리 찬양에는 감정이 너무 부족하다. 물론 지성적인 예배도 중요하지만, 때로는 체면 때문에 감정을 억누르기도 한다. "나 기쁨의 춤추리"라고 찬양하면서도 '정말 춤추면 어떡하지?'라고 생각하는 것이다.

그러나 찬양과 기도는 감정을 통해 하나님을 만나는 통로다. 말씀이 우리의 '지성'을 깨우는 것이라면, 기도는 우리의 '감정'을 일깨워 하나님을 만나는 것이다. 그래서 장로교는 말씀 공부와 제자훈련이 강하고, 순복음교회는 기도와 감정의 표현이 강하다. 이 두 가지가 균형을 이루어야 한다.

세상 사람들은 감정을 자기 욕구를 채우는 데 사용한다. 그러나 신자는 감정을 하나님을 높이고 하나님을 찾는 데 사용해야 한다. 우리의 감정이 하나님을 향할 때, 우리는 따스한 감성을 지닌 신앙인이 된다. 이성도 중요하지만, 감정 또한 하나님의 통치 아래에 있어야 한다. 감정이 성령의 손에 붙들릴 때, 우리는 더욱 깊이 하나님의 은혜를 경험할 수 있다.

| **나눔 질문** |

✦ 성경은 감정을 '마음'이라고 표현합니다. 신앙생활 속에서 감정이 어떤 역할을 한다고 생각합니까? 때로 감정을 억누르거나, 반대로 감정에 치우친 경험은 없었습니까?

✦ 내 안에 아직 치유되지 않은 '쓴 뿌리'가 있어서 하나님과 이웃을 사랑하기 어려운 부분이 있습니까? 그렇다면 그 쓴뿌리를 어떻게 성령께 맡길 수 있습니까?

✦ 예배와 찬양 속에서 우리의 감정은 어떤 역할을 합니까? 우리 공동체 예배나 신앙생활 안에서 감정과 이성이 어떻게 균형을 이루면 좋겠습니까?

IV. 승리를 위한 균형

3.
굳건한 의지

신앙과 의지

인간은 육체와 영혼으로 이루어진 존재다. 하나님은 인간에게 하나님의 형상을 닮은 영혼을 주셨고, 그 안에 지성·감정·의지를 담으셨다. 그중에서도 신앙에서 결정적인 것은 '의지'의 영역이다. 사전적 정의로 의지는 '어떠한 일을 이루고자 하는 마음'이다. 성경에서는 '의지'라는 단어 대신 '뜻'이라는 표현을 쓴다. "너는 마음을 다하고 뜻을 다하고 힘을 다하여 네 하나님 여호와를 사랑하라"(신 6:5). 의지는 성품이 아니지만, 성품은 의지를 통해 드러난다. 다시 말해, 의지는 인간의 실행 중심이다. 그런 의미에서 신앙은 곧 의지라고 할 수 있다.

토저(A. W. Tozer)는 이렇게 말했다. "신앙의 본질은 의지이며 의지의 본질도 의지이다. 하나님이 인정하시는 유일한 선은 의지에서 나온 선이며 의지에서 비롯된 거룩함만이 진정한 거룩함이다. 의지는 영혼이 항로에서 이탈하지 않도록 지켜주는 자동조정장치와 같다."

그런데 많은 이들이 착각한다. 구원이 하나님의 은혜로 주어졌기 때문에, 구원 이후의 신앙 생활도 저절로 된다고 생각하는 것이다. 그러나 바울은 이렇게 말한다. "그러므로 나의 사랑하는 자들아 너희가 나 있을 때뿐 아니라 더욱 지금 나 없을 때에도 항상 복종하여 두렵고 떨림으로 너희 구원을 이루라"(빌 2:12). 여기서 '이루라'는 단어는 '행하다, 성취하다'라는 뜻이다. 구원이 은혜로 시작되었을지라도, 그 은혜에 합당한 삶을 위해서는 우리의 의지적 순종이 필요하다는 뜻이다.

의지의 중요성

의지는 하나님이 우리에게 주신 놀라운 선물이다. 우리는 지식으로 하나님을 알고, 감정으로 하나님을 사랑하지만, 의지가 있어야 하나님께 순종할 수 있다.

Ⅳ. 승리를 위한 균형

인간은 지성, 감정, 의지로 구성된 인격적 존재다. 지성은 무엇이 옳은지를 알게 하고, 감정은 그것을 사랑하게 하며, 의지는 실제로 행동하게 만든다. 하지만 대부분은 지식에서 멈추거나 감정에 머물고 만다. 말씀을 듣고 은혜를 받아도 행동으로 이어지지 않으면 아무 소용이 없다.

오늘날 우리는 너무 풍족하다. 과거에는 배고픔이 기도의 동기였지만, 지금은 배부름이 게으름을 낳는다. 정보도 넘친다. 검색 한 번이면 수많은 지식을 얻을 수 있지만, 지식은 행동으로 이어지지 않는다. 그래서 쉽게 결심하고, 쉽게 포기한다. 이 시대에 필요한 것은 화려한 언변이 아니라 끝까지 이겨내는 힘, 굳건한 의지다.

구약의 다니엘과 세 친구는 신앙의 의지로 승리한 대표적인 인물이다. 주전 586년, 유다가 바벨론에 의해 멸망당했을 때 느부갓네살 왕은 정복지의 반란을 방지하기 많은 유대 지도자와 젊은 엘리트를 포로로 데려갔다. 그는 그들을 노예로 삼기보다, 바벨론 문화에 동화시켜 새로운 정착지에 뿌리를 내리게 하려 했다. 그들 중 엘리트들이 왕궁에서 일하거나 고위직을 얻을 수도 있었다.

다니엘과 세 친구가 그런 경우였다. 왕의 음식을 먹고, 바벨론의 이름을 받고, 출세의 기회도 얻을 수 있었다. 그러나 그들은 유대인의 정체성을 버리지 않고 신앙의 거룩을 지키기로 결심했다. "다니엘은 뜻을 정하여 왕의 음식과 그가 마시는 포도주로 자기를 더럽히지 아니하리라 하고 자기를 더럽히지 아니하도록 환관장에게 구하니"(단 1:8). 이 결단은 단순한 식단의 문제가 아니었다. 하나님 앞에서 거룩함을 지키겠다는 의지의 표현이었다. 그 의지는 결국 그들의 삶을, 그리고 역사를 바꾸었다.

의지의 3단계

첫째, 뜻을 세우는 '입지'(立志) 단계다. "나는 하나님의 뜻대로 살겠다"라는 결단의 단계다. 사실 누구나 한 번쯤은 뜻을 세운다. 그러나 대부분은 시험이 오거나 어려움이 닥치면 그 뜻을 지켜내지 못한다. 견지하지 못하는 것이다. 히브리어로 '뜻을 세운다'는 말은 '마음에 두고, 세우고, 정한다'는 의미를 가진다.

다니엘은 느부갓네살 왕이 주는 음식과 포도주를 거절하기로 '뜻을 세운' 사람이다. 당시 바벨론 궁정에서라면 누구나 "나는 내 동기들 중에서 1등을 하겠다, 좋은 자리를 얻겠다, 성공하겠다"라는 뜻을 세우기 마련이다. 그러나 다니엘과 세 친구는 달랐다. 그들은 '거룩'을 뜻으로 세웠다. 신앙은 거룩의 뜻을 세울 때에만 이기게 된다. 거룩의 뜻을 세워야 승리하는 신앙인이 된다.

세상은 승진, 성공, 대박을 말하지만, 신앙은 '거룩'을 말한다. 거룩은 곧 '구별됨'이다. 세상의 가치관, 세계관, 논리와 구별되는 삶, 그것이 하나님을 기쁘시게 한다. 입지에서 중요한 것은 '하나님이 기뻐하시는 뜻'을 세우는 것이다. 내가 원하는 것도 중요하지만, 하나님이 기뻐하시지 않는 뜻이라면 아무 소용이 없다. 하나님이 기뻐하시는 뜻을 세우기 위해서는 반드시 단호함이 필요하다.

다니엘과 세 친구는 왕이 내린 산해진미를 거부했다. 한 방울의 포도주도 마시지 않았다. 대신 채소만 먹고 물만 마셨다. 그들의 결정은 단호했고, 타협이 없었다. 왜냐하면 그것들은 이방신에게 바쳐진 제물이었기 때문이다. 여기에서 '뜻을 정하다'라는 단어의 원어적 의미는 '자르다'이다. 영어 'decide'(결심하다)도 여기서 유래했다. 즉, 무엇인가를 잘라서 하나를 고르는 결단을 의미한다. 이미 누릴 수 있는 특혜를 잘라내는 것, 그것이 결심이다. 다니엘과 세 친구는 왕이 준 특권을 거절하고, 성공의 기회를 잘라내며, 하나님이 기뻐하시는 뜻을 세웠다. 이것이 바로 그들의 의지, 그들의 입지였다.

그러나 단호한 결단을 방해하는 장애물이 생긴다. 다니엘과 세 친구가 뜻을 환관장에게 전하자, 환관장은 놀라며 말한다. "환관장이 다니엘에게 이르되 내가 내 주 왕을 두려워하노라 그가 너희 먹을 것과 너희 마실 것을 지정하셨거늘 너희의 얼굴이 초췌하여 같은 또래의 소년들만 못한 것을 그가 보게 할 것이 무엇이냐 그렇게 되면 너희 때문에 내 머리가 왕 앞에서 위태롭게 되리라 하니라"(단 1:10). "내 머리가 왕 앞에서 위태롭게 되리라"는 말은 곧 "내가 잘릴 것이다"라는 뜻이다.

신앙의 결단은 종종 이런 딜레마를 만든다. 나 혼자 손해 보는 일은 견딜 수 있지만, 내 결정으로 다른 사람까지 피해를 입는다면 정말 괴로운 일이다. 그렇다고 내 뜻만 밀어붙일 수도 없다. 이러지도 저러지도 못하는 상황이야말로 믿음의 의지를 시험하는 순간이다. 그럴 때 필요한 것이 바로 지혜로운 의지다.

둘째, 뜻을 굳히는 '견지'(堅志) 단계다. 굳건한 의지의 핵심은 '견지'이다. 견지는 '뜻이 굳어지는 것'이다. 뜻을 세우면 반드시 시험이 온다. 그 시험을 이겨내야 진짜 신앙이 된다.

다니엘과 세 친구는 환관장에게 제안했다. "청하오니 당신의 종들을 열흘 동안 시험하여 채식을 주어 먹게 하고 물을 주어 마시게 한 후에 당신 앞에서 우리의 얼굴과 왕의 음식을 먹는 소년들의 얼굴을 비교하여 보아서 당신이 보는 대로 종들에게 행하소서 하매"(단 1:12-13). 이 제안은 단순한 고집이 아니라 지혜로운 믿음의 표현이었다. 믿음을 지키되 무례하지 않고, 다른 사람에게 해를 끼치지 않으며, 윈윈할 수 있는 길을 찾은 것이다. 이 지혜가 바로 하나님께서 주신 것이다. 그리고 그들은 물러서지 않았다. '죽으면 죽으리라'는 자세로 견지했다.

믿음으로 살려는 사람에게는 반드시 시험이 찾아온다. 대충 믿는 사람에겐 이런 시험조차 없다. 교회 안에서는 믿음 있는 척하고, 세상에서는 세상 사람처럼 사는 자에게는 견지할 일조차 생기지 않는다. 그러나 진심으로 믿음으로 살려는 사람에게는 반드시 '의지를 지켜야 할 순간'이 찾아온다. 그때 견지하는 자만이 승리할 수 있다.

IV. 승리를 위한 균형

셋째, 마침내 뜻을 성취하는 '성지'(成志) 단계다. "그가 그들의 말을 따라 열흘 동안 시험하더니 열흘 후에 그들의 얼굴이 더욱 아름답고 살이 더욱 윤택하여 왕의 음식을 먹는 다른 소년들보다 더 좋아 보인지라"(단 1:14-15). 하나님께서 은혜로 환관장의 마음을 움직이셨고, 다니엘과 세 친구의 제안이 받아들여졌다. 결국 그들은 자신들의 뜻을 관철했고, 생명도 보존되었다. 자신들의 뜻이 이루어졌을 뿐 아니라, 환관장의 생명까지도 지켜졌다. 이것이 의지의 완성, '성지'의 단계이다.

의지와 신앙의 본질

우리는 여기서 의지가 무엇인지 더 알아볼 필요가 있다. 의지는 사전적으로 '어떤 일을 이루고자 하는 마음'이다. 성경은 이를 '뜻'이라 표현한다.

> "너는 마음을 다하고 뜻을 다하고 힘을 다하여 네 하나님 여호와를 사랑하라"(신 6:5).

마음은 감정이고, 뜻은 의지이며, 힘은 행동이다. 마음이 있으면 뜻이 세워지고, 뜻이 세워지면 힘을 다하게 된다. 이것이 전심의 신앙이다. 전심(全心)은 온 마음을 다하는 것이고, 온 마음을 다하는 것은 결국 의지로 연결된다. 마음이 진짜 있다면, 반드시 행동으로 나타난다. 예수님도 "마음은 원이로되 육신이 약하다"라고 말씀하셨지만, 그것을 핑계로 삼아서는 안 된다. 정말 마음이 원한다면 이루게 된다. 실제로 그렇게 살아온 많은 믿음의 증인들이 있다.

신앙의 본질은 의지다. 의지는 결국 순종을 낳는다. 의지는 지성과 감정과 함께 작용한다. 내가 누군가를 사랑한다는 것은 그를 알고, 감정적으로 느끼며, 의지적으로 사랑하기로 결단하는 것이다. 사랑도 결국 의지의 행위다.

설교와 음악을 비교하자면, 설교는 의지가 큰 비중을 차지하고, 음악은 감정의 영역이 크다. 그러나 신앙의 의지는 인간적 의지와는 다르다. 인간의 기질을 초월하는 힘이 신앙의 의지다. 믿음이 깊다는 것은 곧 신앙의 의지가 굳건하다는 뜻이다. 신앙의 의지는 순종으로 드러난다.

히브리서 5장 7-10절은 예수님의 의지를 보여준다.

"그는 육체에 계실 때에 자기를 죽음에서 능히 구원하실 이에게 심한 통곡과 눈물로 간구와 소원을 올렸고 그의 경건하심으로 말미암아 들으심을 얻었느니라 그가 아들이시면서도 받으신 고난으로 순종함을 배워서 온전하게 되셨은즉 자기에게 순종하는 모든 자에게 영원한 구원의 근원이 되시고 하나님께 멜기세덱의 반차를 따른 대제사장이라 칭하심을 받으셨느니라."

예수님은 하나님의 뜻을 이루기 위해 십자가를 지셨다. 그 치열한 순간에도 의지적으로 하나님의 뜻에 순종하셨다. 이것이 지상 최고의 의지다.

지식, 감정, 의지의 관계

의지는 지식과 깊은 관계가 있지만, 단순히 아는 것으로 끝나지 않는다. 다니엘과 세 친구 외에도 유대의 소년들이 있었다. 그들 모두 왕궁에서 요구하는 음식법을 알고 있었다. 그러나 오직 이 네 사람만이 뜻을 세웠다. 이러한 차이는 지식의 깊이에 있었다. 그들에게 지식은 단순한 정보가 아니라 하나님과의 관계를 지키는 신앙의 진리였다. '하나님만 섬기며, 거룩한 백성으로 살아야 한다'는 지식이 그들에게 의지를 낳게 한 것이다.

제자훈련이 어려운 이유도 여기에 있다. '아는 것'을 '행하기' 어렵기 때문이다. 마태복음 28장 19-20절의 "가르쳐 지키게 하라"는 말씀은, 단 한 번 가르치는 것이 아니라 지킬 때까지 반복하라는 뜻이다. 복음은 세뇌가 아니다. 복음은 하나님의 말씀으로 우리를 변화시키는 제자화의 과정이다. 그래서 제자훈련이 반드시 필요하다. 제자훈련은 지식에서 의지로, 그리고 실천으로 나아가는 길이다. 내가 아는 것을 행할 때, 그 지식이 나를 변화시킨다.

의지는 지성과 감정과 연결되어 있다. 그러나 감정에 머무르면 의지는 약해진다. 오늘날 사단은 욕구를 자극해 감정을 무너뜨리고, 감정이 무너지면 의지가 마비된다. 영상과 미디어가 대표적인 통로다. 넷플릭스나 각종 영상물은 욕구를 통해 감정을 자극하고, 감정이 파괴되면 사고력을 관할하는 전두엽의 기능이 약화된다. 그래서 분노조절이 안 되고, 판단이 흐려지는 것이다. 세상은 "느낀 대로 말하고, 느낀 대로 행동하라"고 가르친다. "Just Do It."(그냥 해.) 하지만 그 구호는 신앙의 언어가 아니다. 신앙은 절제하고, 의지로 다스리는 것이다. 그래서 우리는 감정을 훈련해야 한다. 영상에 노출되는 시간을 줄이고, 말씀과 기도로 마음을 지켜야 한다.

마지막으로 중요한 것은, 의지의 근원은 나에게 있지 않다는 사실이다. 다니엘과 세 친구가 성지를 이룰 수 있었던 것은 그들의 믿음과 신념이 대단해서가 아니라, 하나님의 은혜 때문이었다. "하나님이 다니엘로 하여금 환관장에게 은혜와 긍휼을 얻게 하신지라"(단 1:9). 그들의 믿음 이전에, 그들의 결단과 의지 이전에, 하나님의 은총이 있었다.

칼빈은 이렇게 말했다. "은총에 의하지 않고는 의지는 하나님에게로 전향하거나 하나님 안에 머무를 수 없다. 인간의 의지는 자유에 의해서 은총을 얻는 것이 아니라 은총에 의해서 자유를 얻을 수 있다." 은총이 없으면 우리의 의지는 하나님께 향할 수 없다. 다니엘과 세 친구에게 임한 하나님의 은혜가 있었기에, 그들은 "나는 내 몸을 더럽히지 않겠다, 거룩이 하나님의 뜻이다"라고 결단할 수 있었다.

　결국 신앙의 의지는 인간의 결심이 아니라, 하나님의 은혜에 의존하는 것이다. 하나님을 의지할 때, 하나님이 은혜를 주신다. 은혜를 받은 자만이 순종할 수 있다. 하나님을 의지하라. 그분이 의지를 주시고, 순종하게 하신다.

| 나눔 질문 |

✦ 성경은 감정을 '마음'으로 표현합니다. 오늘날 사람들은 감정에 쉽게 휘둘리는데, 우리 신앙 안에서 '마음'은 어떤 의미로 다루어져야 합니까?

✦ 뜻을 세운 후 시험이 올 때, 다니엘처럼 지혜롭게 대처하면서도 신앙을 지킨 경험이 있습니까? 공동체 속에서 그런 지혜는 어떻게 배울 수 있습니까?

✦ 신앙생활에서 견지와 성지가 없다면 우리의 결단은 쉽게 무너질 수 있습니다. 서로의 신앙 결단을 끝까지 지켜주기 위해 공동체가 할 수 있는 일은 무엇입니까?

V

승리를 위한 복음

✦

승리는 단순히 외형적 성공을 의미하지 않는다. 진정한 승리는 삶 속에서 하나님의 뜻을 실천하고, 그분의 영광을 드러내는 것이다. 오늘날 교회와 성도의 승리는 개인의 변화와 공동체의 성장을 통해 나타난다. 제자훈련은 단순한 학습이 아니라, 복음을 삶으로 증거하며 또 다른 제자를 삼는 재생산의 과정이다. 전도하는 제자는 교회의 진정한 힘이며, 그 삶의 열매는 교회의 성장과 영혼 구원으로 이어진다.

그런 점에서 분립개척은 교회가 교회를 세우며 지역사회에 복음을 확장하는 성경적 모델이다. 제자훈련과 분립개척은 각각 독립된 사역처럼 보이지만, 본질적으로는 복음을 통한 승리의 여정을 함께 한다. 우리가 전하고, 세우고, 재생산하는 모든 과정은 결국 하나님의 승리 계획 안에 있다. 이번 장에서는 복음의 능력과 실천, 그리고 교회의 승리를 향한 발걸음을 담았다. 승리를 위한 복음에 주목할 때 개인과 공동체 모두 진정한 승리를 경험할 수 있는 길을 발견하게 될 것이다.

1.
복음 승리의 역사를 이어가라

역사 속에 드러난 복음의 승리

주후 1세기 복음이 로마에 전파된 후 로마의 황제들은 기독교를 박해했다. 대표적인 인물이 네로였다. 책임을 기독교인에게 뒤집어씌워 잔혹한 박해를 가했고, 이후 도미티아누스 등 다른 황제들도 핍박을 이어갔다. 한 가지 놀라운 사실은 로마제국이 교회를 박해할수록 교회가 더욱 강해졌다는 것이다. 세상의 논리라면 박해는 실패를 의미하지만, 오히려 교회에는 승리의 길이 된 것이다. 하지만 콘스탄티누스 황제의 개종 이후 상황은 역전되었다. 외부의 박해는

멈췄지만, 교회 내부의 이견이 억눌리고 성직자의 경건과 헌신의 수준이 무너지는 새로운 위기가 찾아온 것이다.

주후 7세기경만 하더라도 기독교는 유럽보다 북아프리카와 아시아에서 훨씬 세력이 강했다. 그러나 이슬람의 침공으로 인해 세력이 점점 약화되었다. 그러다가 11세기 들어 다시 회복하면서 이탈리아의 시칠리아와 남부 이탈리아에서 무슬림 세력을 몰아내었다. 이어서 성지를 탈환하기 위해 십자군 원정이 시작되었다. 이후 중세를 거쳐 근대에 들어서면서 지식인들 사이에서는 종교의 몰락을 예언하는 목소리가 높아졌다.

영국의 자유사상가인 토머스 올스턴(Thomas Woolston)은 1910년이 되면 종교가 사라질 것이라고 자신있게 말했다.[1] 프랑스의 사상가 볼테르(Voltaire)는 사태를 더 비관적으로 전망하면서 향후 50년내, 대략 1810년쯤이면 서구에서 종교가 완전히 사라질 것이라고 주장하기도 했다.[2] 심지어 사회학자 피터 버거(Peter L. Berger)는 1968년 뉴욕타임즈에 실린 기고문에서 종교의 마지막이 다가오고 있으며 "21세기에는 독실한 신자들이 자기들끼리 오밀조밀하게 모이는 소종파 안에서나 존재하면서 범세계적인 세속 문화에 힘겹게 맞서는 모양이 될 것이고 … 신자들이 처한 곤궁한 상황은 미국의 대학을 방문하여 장기간 체류하는 티베트 점성가의 처지와 날이 갈수록 비슷해 질 것"이라고 전망했다.[3]

그러나 이 예언들은 빗나갔다. 미국과 아시아, 아프리카, 라틴 아메리카를 비롯한 전 세계 곳곳에서 복음은 여전히 활기를 띠고 있으며, 최근에는 유럽에서도 선교의 불길이 다시 일어나고 있다.

복음의 매력과 확장 이유

그렇다면 기독교가 어떻게 세계 최대의 종교가 되어 여전히 성장하고 있는 것일까? 로드니 스타크(Rodney W. Stark)는 그 이유를 마가복음 16장 15절, 곧 "너희는 온 천하에 다니며 만민에게 복음을 전파하라"라는 말씀 속에서 찾았다. "기독교는 수많은 추종자들에게 자신이 믿는 신앙을 전파하기 위한 전도 활동의 동기를 부여할 수 있으므로 지금도 과거에 비기독교 지역이었던 곳에서 개종을 통한 급속한 성장이 나타나고 있는 것이다." 다시 말해서 기독교는 신자들에게 신앙을 전파할 동기를 부여하기 때문에 새로운 지역에서도 폭발적인 성장이 가능하다는 것이다. 이러한 기독교의 매력에 대해 그는 메시지, 성경, 다종파적 상황(pluralism), 근대성(modernity)이라는 네 가지 요인을 제시한다.

첫째, 메시지이다. 어거스틴이 《고백록》에서 지적하듯 기독교의 기본 메시지는 지극히 단순해서 아이들도 쉽게 이해할 수 있지만, 동시에 깊이 있는 신학적 질문을 던져 지성인에게도 도전이 된다는 점이다. "기독교는 하나님을 초월적이고 전능하며 자비로운 존재로 생각하지만 그 하나님은 다소 신비롭고, 멀리 떨어져 있으며 경이

로운 존재이기도 하다." 즉 기독교의 하나님은 초월적이면서 인격적인 하나님이시다. 그리고 매우 인간적이고 쉽게 다가갈 수 있는 성자 예수 그리스도가 있다. 그래서 어른들은 예수님이 자신의 삶에 들어오셨다고 생각하고, 아이들은 "예수 사랑하심은"이라는 찬송을 부른다.

더군다나 복음서의 핵심 메시지는 그리스도가 우리 죄를 위해 죽었고, 누구든지 예수를 구원자로 받아들이는 사람은 죽음 이후 영원한 생명을 누리게 된다는 것이다. 이 메시지는 기독교의 강력한 힘일 뿐만 아니라 인생의 의미와 목적, 그리고 살아갈 힘을 준다. 이러한 복락을 얻기 위해 고통을 참으며 금욕 수행을 통해 고양된 풍성한 삶을 자유롭게 추구할 수 있다.

둘째, 성경이다. 성경은 다른 세계 종교가 가진 대부분의 경전들과 달리 감춰진 의미와 수수께끼를 모아 놓은 문서가 아니다. 성경은 대부분 사람들과 사건들에 대해 분명하게 묘사한 이야기들로 구성되어 있다. 물론 난해구절도 있고 신비로운 부분도 있지만 어떤 연령대나 문화적 배경에 속한 사람들일지라도 누구나 다 이해할 수 있다. 특히 모든 신자가 성경을 소유하고 읽을 수 있다는 점은 기독교의 강점이라고 할 수 있다. 소수의 지배층만 읽었던 시기도 있었지만 종교개혁 이후 성경이 모든 신자들의 손에 쥐어졌다. 오늘날 성경은 거의 2,000개의 언어로 번역되어 전 세계에 퍼져 있다.

셋째, 다종파적 상황이다. 교단과 선교 단체들이 경쟁하며 신앙을 전하려는 환경은 오히려 활력을 불러왔다. 이것은 기존에 가지고 있던 고정관념을 깬다. 우리는 너무 많은 교단이 있다고 생각하지만, 선교지에서 다양한 선교 단체들의 활동이 오히려 축복이 되었다.

넷째, 근대성이다. 기독교는 의학, 위생, 과학 기술의 발전과 긴밀히 연결되어 있으며, 이는 하나님 신앙을 뒷받침하고 기독교 확산의 중요한 동력이 되었다. 이것은 서구가 보여준 지혜였을 뿐만 아니라 하나님에 대한 서구의 신앙에 확신을 주는 데 기여했다.

이처럼 복음은 단순한 종교적 체계를 넘어, 인류의 삶을 변화시키는 메시지와 실제적 힘을 지니고 있기에 지금까지도 여전히 강력하게 역사 속에서 승리하고 있다.

✦ 역사적으로 기독교 박해가 교회를 더욱 강하게 만든 사실을 볼 때, 신앙적 위기를 신앙 성장의 기회로 삼으려면 우리에게 무엇이 필요합니까?

✦ 수많은 지식인과 사회학자들이 기독교의 쇠퇴를 예언했지만 복음은 여전히 살아 있습니다. 복음의 메시지가 내 삶의 의미와 목적을 어떻게 새롭게 정의해주고 있습니까?

✦ 로드니 스타크가 제시한 네 가지 성장 요인 가운데 우리 공동체가 특히 붙잡아야 할 부분은 무엇입니까? 메시지, 성경, 다종파적 상황, 근대성 중 현재 상황에 가장 절실한 요소는 무엇이라고 생각합니까?

1 Woolston, *Works of Thomas Wooston*, London, J. Roerts. 1735

2 Redmanm, *The Portable Voltaire*, New York: Penguin Books,1949, 26에서 재인용

3 Peter L. Berger, 1968, "A bleak Outlooks Is Seen for Religion," *New York Times*, April 25. 3

2.
전도가 안 된다는 패배주의를 깨라

패배주의에 사로잡힌 교회

언제부터인가 한국 교회 안에 전도에 대한 부정적이고 패배주의적인 분위기가 깊게 자리 잡은 듯하다. 교회 성장이 1988년을 기점으로 1990년대에 들어 주춤하더니 2000년대에는 마이너스 성장으로 돌아서면서, 전도는 더욱 어렵다는 인식이 교인과 목회자들 사이에서 퍼지기 시작했다. 특히 코로나19 팬데믹 이후 그 현상은 더 심해졌다. "전도는 안 된다", "특히 젊은이 전도는 불가능하다"는 말이 당연하게 들릴 정도다. 실제로 전도 현장에 나가 보면 젊은이들은 전도지는 물론, 작은 선물조차 받으려 하지 않는다.

그러나 이것은 사실일 뿐 진실은 아니다. 우리는 사실을 진실로 받아들이는 경향이 있다. 기독교 역사 2000년 동안 전도가 쉬웠던 적은 한 번도 없었다. 그러나 전도가 되지 않았던 적도 없었다. 예수님께서 이 땅에 오신 목적 자체가 복음 전도였고, 제자도 역시 복음 전도와 떼려야 뗄 수 없는 관계다. 제자도는 엄밀히 말해 복음 전도다.

사람들이 특정 종교 집단으로 개종하려는 것은 그 집단 구성원들과 맺은 사회적 유대가 개종을 반대하는 외부인들과의 유대보다 더 강하게 작용할 때다. 흥미롭게도 이러한 현상은 개종자가 그 집단의 신념 체계를 충분히 이해하기도 전에 일어나는 경우가 많다. 개종은 본질적으로 순응의 행위인 것이다. 개종이 일어나지 않는 경우도 같은 원리로 설명할 수 있다. 한 개인을 특정 집단으로 끌어당기는 구심력과 밀어내는 원심력의 상대적 강도가 결정적인 역할을 한다. 결국 사회적 연결망이야말로 개종을 가능하게 하는 핵심 매커니즘임을 확인할 수 있다. 어떤 사람을 개종시키려면 먼저 그와 가까운 신뢰할 수 있는 친구가 되어야 하며, 최소한 그러한 관계를 형성해야 한다. 따라서 한 사람이 새로운 종교로 개종하고 나면, 대개 자신의 친구들과 친척들도 개종시키려는 노력을 기울이게 된다. 그러므로 개종은 사회적 연결망을 따라 확산되는 경향이 있다.

전도의 문을 여시는 하나님

그렇다면 왜 한국 교회는 전도의 열기가 식어졌을까? 한국 교회에 복음전도의 사명이 위축된 원인은 무엇일까? 가장 큰 원인은 패배의식에 있다. 교회가 침체하고 있다는 인식이 전도의 사명을 가로막는 것이다. 그러나 통계를 자세히 보면, 상황이 절망적인 것만은 아니다.

통계청과 갤럽에 따르면 기독교 신자 비율은 2004년 21퍼센트에서 2022년 17퍼센트로 줄었지만, 불교도 같은 기간 24퍼센트에서 16퍼센트로 감소했다. 카톨릭도 7퍼센트에서 변화가 없었다. 오히려 10대와 20대에서는 기독교 신자 비율이 다른 종교보다 높은 수치를 기록했다. 2022년 갤럽의 연령별 종교 비율을 보면 10대는 기독교가 120만 명, 불교는 40만 명, 카톨릭은 30만 명이다. 20대는 기독교가 14퍼센트, 불교 4퍼센트, 카톨릭은 3퍼센트 신자율이다. 30대는 기독교가 19퍼센트, 불교 6퍼센트, 카톨릭은 5퍼센트로 기독교가 상대적으로 우위에 있다. 문제는 실제 수치보다 감소 추세에 과도하게 위축되는 한국 교회의 태도에 있다.

오늘날 한국 교회에 30대와 40대가 교회를 떠났다고 한다. 비록 그들이 교회를 떠났지만 그들이 교회를 떠난 것이지 하나님을 떠난 것이 아니다. 교회를 떠났지만 복음을 떠난 것은 아니기 때문이다.

결국 전도를 가로막는 가장 큰 적은 환경이나 상황이 아니라, 교회 안에 자리 잡은 두려움이다. 증인의 사명에서 경계해야 할 것이 바로 이 두려움이다. 사회의 시선에 대한 두려움, 거절과 관계 단절에 대한 두려움, 욕을 먹을 수 있다는 두려움이 우리를 움츠러들게 한다. 하지만 두려움은 감정의 선택일 뿐, 복음은 그 감정을 넘어서는 진리이다. 기독교 역사상 복음을 전파기 쉬웠던 때는 없었다.

사도 바울도 복음을 전하는 데 두려움이 있었다. "내가 너희 가운데 거할 때에 약하고 두려워하고 심히 떨었노라"(고전 2:3). 그때 그는 하나님이 함께 하시리라는 믿음으로 승리했다. "내가 너와 함께 있으매 어떤 사람도 너를 대적하여 해롭게 할 자가 없을 것이니 이는 이 성중에 내 백성이 많음이라 하시더라"(행 18:10). 또한 성도들에게 기도를 부탁하기도 했다. "또한 우리를 위하여 기도하되 하나님이 전도할 문을 우리에게 열어 주사 그리스도의 비밀을 말하게 하시기를 구하라 내가 이 일 때문에 매임을 당하였노라"(골 4:3).

오늘 우리도 마찬가지다. 두려움 대신 기도하고, 망설임 대신 발걸음을 내딛을 때 하나님은 반드시 복음의 문을 열어주실 것이다. 성령의 능력을 의지하여 전도하면 하나님이 전도의 문을 열어주실 것이다.

✦ 전도가 쉽지 않다고 느끼는 이유가 현실의 문제인지, 아니면 마음속 패배주의 때문인지 들여다봅시다. 어떻게 하나님의 관점에서 새롭게 바라볼 수 있습니까?

✦ 주변 사람들과의 관계 속에서 복음이 자연스럽게 전해질 수 있는 방법에는 어떤 것들이 있습니까? '친구가 되는 것'이 전도의 시작이라는 말에 대해 어떻게 생각합니까?

✦ 전도의 문을 여시는 분은 하나님이시지만, 그 문을 두드리는 것은 우리의 몫입니다. 하나님이 열어 주실 전도의 문을 믿고, 작은 한 걸음이라도 내디뎌 봅시다.

3.
전 교인이 전도로 승리하라

전도 중심의 교회

'코로나19'가 끝나갈 무렵, 어느 날 신일교회에서 가까운 금천구청 앞을 지나는데 신천지가 텐트를 치고 노골적으로 전도하는 모습을 보았다. 요한계시록 성경공부를 공개적으로 모집하는 모습에 뒤통수를 맞은 기분이었다. 솔직히 한국 교회는 '코로나19' 이후 전도에 소극적이 되었고, 교인들은 전도에 자신감을 잃고 있었기 때문이다. 그 사건을 겪은 다음 주일에 나는 교인들에게 이렇게 권면했다. "이제는 주눅 들지 말고 오히려 복음 전도에 매진합시다." 이후 교회는 '그림 일대일 전도양육 세미나'를 열었고, 성도들이 새롭게 헌신하며 전도에 불이 붙기 시작했다.

제자훈련 목회를 하면서 내린 결론은 "제자훈련의 목적은 삶이 변화되어 또 다른 제자를 삼는 것이다"이다. 사도행전을 보면 제자들은 성령을 받은 후 곧바로 복음의 증인이 되었다. 마가의 다락방에서 성령충만을 받은 120명의 제자들로부터 예루살렘 교회의 부흥이 시작되었다. 베드로가 복음을 전하자 하루에 3,000명이 회심했고, 심지어 많은 제사장들까지 복음을 받아들였다(행 6:7). 교회는 믿음이 굳건해지고 수적으로, 지역적으로 확장되었다(행 1:8). 복음의 파급력이 엄청나게 커지게 되었다.

그렇다면 이런 부흥의 원동력이 무엇일까? 무엇보다 성령의 역사다. 성령께서 일하심으로 부흥이 일어난 것이다. 또 한 가지는 예루살렘 교회가 합심해서 복음을 전한 결과다. 예루살렘 교회가 부흥하게 되자 평신도들 중에서 일곱 명을 집사로 세우고 사도들은 기도하는 일과 말씀 사역에 오로지 힘쓰게 된다. 사도를 중심으로 일곱 집사와 교인들이 하나 되어 복음 전도에 집중한 결과 예루살렘 교회는 부흥하게 된다.

'코로나19' 이후 많은 이들이 전도가 어렵다고 말한다. 어쩌면 당연한 현상이다. 모이기도 힘든데 비그리스도인을 전도한다는 것은 더더욱 힘든 일이다. 그러나 복음 전도는 계속되어야 한다. 아니 계속되고 있다. 온 교회가 하나 되어 전도할 때 하나님께서 여전히 은혜를 주신다.

제자훈련이 교회에 미치는 영향력은 실로 엄청나다. 그중에서도 가장 강력하게 영향을 미치는 분야가 전도일 것이다. 적어도 신일교회의 경우는 그러했다. 제자훈련을 통해 훈련생들에게는 인격적 변화와 행동의 변화가 일어나는데, 무엇보다 복음 전도에 헌신하게 된다. 전도에 헌신하는 인력이 끊임없이 양성된다. 교회가 '전도가 있는 교회'가 아니라 '전도 중심의 교회'로 변모하게 된다. 사실 전도하지 않는 교회가 어디 있겠는가? 그런데 '전도가 있는 교회'와 '전도 중심의 교회'는 다르다. 무엇이 다른가?

첫째, 이벤트가 아니라 사역이 된다. '전도가 있는 교회'는 전도를 프로그램 정도로 인식한다. 연중행사로 여긴다. 이벤트 식으로 진행하니 행사로 끝나버린다. 반면 '전도 중심의 교회'는 전도가 행사가 아니라 사역이 된다. 일 년 내내 전도에 집중한다.

신일교회의 경우 가을에 열리는 '새생명축제' 태신자 작정을 연초부터 시작한다. 부활주일에는 태신자에게 부활절 계란을 나누며 만남을 갖는다. 소그룹 전도를 통해 목장에 초대한다. 그리고 가을 새생명축제에는 담임목사부터 시작해서 전 교인이 전도에 관심을 갖고 총력을 기울인다.

둘째, 중직자가 전도 사역의 중심이 된다. '전도가 있는 교회'는 교인 전체가 아니라 일부 교인들만 참여하는 식으로 전도가 진행된다. 소위 '그들만의 리그'가 되기 쉽다. 물론 신일교회도 교인 전체가 전도에 참여하는 것은 아니다. 그러나 신일교회의 경우는 몇 가지 점에서 고무적이다. 우선 담임목사가 전도의 모범을 보인다. 필자도 전도를 위해 최선을 다하고 노력한다. 전 교인이 전도하는 교회가 되려면 담임목사가 전도하는 것이 중요하다. 전도의 모범을 보이는 것이다. '양이 양을 낳는다'는 말은 불완전한 메시지다. 전도 중심의 교회들을 보면 담임목사가 전도에 앞장선다. 평택대광교회의 배창돈 목사님과 울산 대영교회의 조운 목사님의 경우가 대표적이다.

또한 '전도 중심의 교회'는 장로님들과 중직자들이 전도에 앞장선다. 이것처럼 감사한 일은 없을 것이다. 신일교회의 경우 장로님들이 전도에 열심이다. 수년 동안 장로님이 '전도왕'이 되어 성도들에게 도전을 주었다. 권사님들의 전도에 대한 열정 또한 감동적이다. 권사님들이 교회에서 담당하는 사역이 얼마나 많은가? 그럼에도 복음 전도에 정말 열정을 다한다. 교역자와 사모들도 열심히 전도해서 담임목사 사모가 새생명축제에서 전도 1등을 하기도 했다. 온 교회가 함께 전도하는 것이 힘이다.

셋째, 제자훈련을 통해 복음 전도를 강조한다. '전도 중심의 교회'는 제자훈련의 열매다. 앞에서 언급한 중직자들이 복음 전도에 앞장서는 것은 제자훈련이 있었기에 가능했다. '영혼구원'과 '제자훈련'은 밀접한 관계가 있다. 신일교회의 경우 제자훈련 시간에 비전을 나누는 시간을 갖는다. 이때 상당수의 훈련생이 "저는 남은 인생을 복음 전도에 헌신하겠습니다"라고 고백한다. 제자훈련을 통해 헌신된 이들이 전도에 열심을 내니 교회의 분위기가 전도하는 분위기로 변화된다. 생명력이 넘친다.

넷째, 평신도와 동역한다. 신일교회는 매년 가을 대규모 전도집회인 '새생명축제'를 개최해 오고 있다. 올해로 22번째 새생명축제가 열리는데 '코로나19' 기간에도 쉬지 않았다. 처음에는 '과연 될까?' 하고 의구심을 가졌는데, 역시 '전도는 하면 있고 안 하면 없다'는 말을 확인했다.

신일교회의 새생명축제가 성공적으로 자리매김할 수 있었던 여러 요인 중 하나는 평신도들을 전도 사역에 동참시켰기 때문이다. 평신도들이 새생명축제의 주축이 되어 자발적으로 사역을 감당한다. 복음 전도에 있어 자신들이 헌신하고 사역에 동참하니 보람을 느끼게 된다.

전도 방법의 리셋

전도는 시대를 막론하고 복음을 전하기에 내용은 변하지 않는다. 하지만 그 방법은 변화가 필요함을 느낀다. 마치 옷을 갈아입는 것과 비슷하다. 옷의 유행이 얼마나 빠르게 바뀌는지는 누구라도 아는 사실이다. 특히 전도에 필요한 것은 전도자의 태도이다. 그렇다면 복음 전도를 할 때 어떠한 자세가 필요할까?

첫째, 더 기쁨으로 즐겁게 전도하는 것이다. 얼마 전 제자훈련 나눔에서 어떤 집사님이 재미있는 나눔을 했다. "매주 토요일 금천구청 앞에서 세 그룹이 전도를 해요. (참고로 신일교회는 매주 수요일에 전도한다.) ○○○교회, ○○교회, 그리고 신천지가 전도를 해요. 그런데제가 유심히 보니 제일 신나게 전도하는 그룹은 신천지였어요." 물론 집사님의 주관적인 생각일 수 있지만, 함께 생각해볼 만한 문제였다. 우리는 복음을 전할 때 마지못해, 소극적으로, 인상을 찌푸리면서 하지는 않는가? 복음의 소중함을 깨달을수록 기쁨과 열정으로 전하게 된다.

둘째, 더 적극적으로 전도하는 것이다. 우리 교회는 작년에 새생명축제를 홍보할 때, 금천구에서 공인하는 게시판을 이용해 현수막을 걸었다. 금천구 역내 세 곳에 10월 1일부터 31일까지 한 달 동안게시했다. 그리고 젊은 세대를 위해서 '모바일 초청장'을 디자인해서 사용했다. 또한 대상자와의 만남을 위해 '기프트 카드'를 특별 제작하여 교인들이 이용하도록 했다. 스타벅스, 베스킨라빈스, 던킨도너츠와 연계한 기프트 카드는 선물로 반응이 좋았다.

셋째, 더 따뜻하게 전도하는 것이다. 요즘 전도에 정말 필요한 변화는 전도자들의 태도라고 생각한다. 옛날처럼 '예수 천당, 불신 지옥'을 외쳐도 예수님을 믿는 분들이 나온다. 하지만 대다수는 그런소리에 더 마음을 닫는 것 같다. 복음이라는 씨앗은 동서고금을 막론하고 능력이 있는데, 그 씨를 뿌리는 농부의 태도는 이 씨앗이 심기는 데에 참으로 중요하다.

오늘날 복음 전도자에게 필요한 태도는 따뜻함이다. 워낙 사람들의 마음이 냉랭하고, 한국 교회에 대해 냉소적이기 때문에 더욱 따뜻함이 필요하다. "북풍과 태양"이라는 이솝 우화를 보면 나그네의 옷을 벗긴 것은 차갑고 무서운 바람이 아니라 따사롭고 온화한 햇살이었다. 이 사실이 우리에게 주는 교훈이 무엇인가? 비그리스도인의 방어막을 무장해제시킬 수 있는 것은 복음에 대한 우리의 확신과 자신감이겠지만, 결국 예수님의 따뜻함이다.

요즘 주님이 신일교회에 주시는 비전은 크고 화려하고 대단한 것이 아니다. 가장 본질적이고 기본적인 꿈, 바로 "모든 성도가 비그리도인을 만나도 15분 이상 확실하게 복음을 전할 수 있는 교회가 되는 것"이다. 곧 "전 교인의 전도자화"라고 할 수 있다. 신일교회가 제자훈련을 통해 전도가 체질화되고, 전 교인이 복음을 전하는 교회가 되기를 간절히 소망한다.

✛ 사도행전에 나타난 부흥의 원동력으로는 성령의 역사와 복음 전도가 있었습니다. 이 부흥을 이어가는 제자로서 나는 복음을 전하는 사역의 한 부분을 어떻게 감당하고 있습니까?

✛ '전도가 있는 교회'와 '전도 중심의 교회'의 차이에 대해 생각해 보십시오. 우리 공동체가 '전도 중심의 교회'가 되기 위해 무엇부터 실천할 수 있습니까?

✛ 나는 과연 복음을 15분 이상 자신 있게 전할 준비가 되어 있습니까? 부족하다면 어떤 부분을 더 훈련해야 합니까?

4.
전도하는 제자가 진짜 제자다

제자훈련과 전도의 본질

제자도의 핵심은 '전적 위탁', '순종', 그리고 '증거'다. 그러나 오늘날 일부 목회자들은 제자훈련에 회의적인 태도를 보이기도 한다. 가장 큰 이유는 재생산의 부재 때문이다. 제자훈련을 했음에도 불구하고 전도가 일어나지 않고 교회가 성장하지 않는 현실을 지적하는 것이다. 그렇다면 제자훈련에 문제라도 있는 것일까? 아니다. 진정한 제자훈련이 되려면 반드시 복음 증거가 뒤따라야 한다. 그러므로 제자훈련은 가장 좋은 전도훈련의 기회가 될 수 있으며, 무엇보다 '전도하는 제자'를 세우는 데 초점을 두어야 한다.

훈련은 반복되어야 한다. 제자훈련의 궁극적인 목표는 단순히 개인의 '변화'가 아니라 '재생산'이다. 예수님은 제자들에게 "제자를 삼으라"라고 명령하셨다. 따라서 훈련생들은 또 다른 제자를 세우기 위해 힘써야 한다. 제자훈련을 인도하면서 늘 경험하는 현상이 있다. 훈련생들이 복음 전도에 강한 사명감을 갖게 된다는 것이다. 이는 참으로 놀라운 일이다. 대부분의 제자훈련생들이 전도에 열심을 낸다. 특히 "앞으로의 비전이 무엇입니까?"라는 질문에 "평생 복음 전도하며 살겠습니다"라고 고백하는 모습을 보면 눈물이 날 정도로 감사하다.

우리 교회는 제자훈련 시간마다 우리가 훈련받는 궁극적인 목적이 '재생산'임을 반복해서 강조한다. 왜냐하면 반복을 통해서만 진정한 교육이 이루어진다는 사실을 깨달았기 때문이다. 반복할 수 있는 것이 실력이다. 그리고 반복할 수 있다는 것은 그 일에 대한 확신이 있다는 뜻이다. 확신이 없는 사람은 한두 번 이야기하다가 그만둔다. 교역자가 제자훈련을 통해 복음 전도를 반복적으로 강조해야 하는 이유가 여기에 있다. 그것이 그의 확신과 관심이기 때문이다. 그리고 훈련생들은 그 사실을 자연스럽게 알아챈다.

제자훈련에서 전도를 강조하려면 훈련 시작 단계부터 구체적인 전도 목표를 세우도록 해야 한다. 그래서 우리 교회는 제자훈련 오리엔테이션 시간에 '자신을 위해 매일 기도해줄 중보자 2명'을 적어

오게 하고, 동시에 '1년 동안 전도할 태신자 명단'을 작성해 오게 한다. 그리고 훈련 내내 매주 그 태신자들을 위해 기도하게 한다. 목표가 있어야 그것을 향한 의욕이 생기고, 전략이 세워진다.

그러나 목표를 세우는 것만으로는 충분하지 않다. 실행이 뒤따르지 않으면 열매를 맺기 어렵다. 따라서 목표에 맞는 실천 지침이 필요하다. 그리고 이것은 제자훈련의 '생활숙제'를 통해 가능했다. 왜 한국인은 영어를 잘 못할까? 그 이유는 실전 경험이 부족하기 때문이다. 언어는 실제로 사용하고 체득해야 익숙해진다.

전도도 마찬가지다. 왜 전도를 못하는가? 전도를 해보지 않기 때문이다. 그래서 제자훈련 과정에서는 전도를 직접 실천해보는 숙제를 제시한다. 예를 들면, '태신자를 위해 매일 기도하고 소감문 써오기', '만 원(현금)으로 전도하고 소감문 써오기', '새생명축제에 태신자 초대하기' 등이다. 이처럼 생활 속에서 전도를 실제로 경험하도록 함으로써 훈련생들이 전도를 자신의 삶으로 익히게 된다.

제자훈련의 열매는 증인의 삶

제자훈련을 하는 교회는 반드시 '새생명축제'를 해야 한다. 요즘은 대규모 전도가 점점 어려워지고 있다. 신일교회도 예외는 아니다. 그럼에도 불구하고 우리 교회는 앞으로도 새생명축제를 계속할 것이다. 왜냐하면 이런 전도의 기회를 제공해야만 성도들이 전도를 하기 때문이다. 신일교회는 매년 '새생명축제'를 개최해 왔으며, 올해로 24번째를 맞았다. 매년 3,000명 이상의 태신자를 작정하는데, 청장년 1,200명이 출석하는 교회 규모를 감안하면 이는 결코 적은 수가 아니다.

신일교회가 새생명축제를 안정적으로 정착시킬 수 있었던 배경에는 바로 제자훈련이 있다. 제자훈련은 교회를 성장시킨다. 그리고 교회를 성장시키는 힘은 결국 '복음 전도'다. 영혼 구원과 제자훈련은 결코 분리될 수 없다. 사랑의교회의 고(故) 옥한흠 목사님도 제자훈련과 더불어 대각성전도집회에 생명을 걸었던 이유가 바로 여기에 있다.

신일교회는 단순한 수평 이동이 아니라 초신자 전도를 통해 꾸준히 성장해 왔다. 매년 200-300명이 등록하는데, 그중 60-65퍼센트가 초신자이며, 수평이동은 35-40퍼센트 정도다. 신일교회가 지속적으로 성장할 수 있었던 이유는 두 가지다. 하나는 '교회의 좋은 소문'이고, 또 하나는 '성도들의 전도 열정'이다. 그 중심에는 언제나 '새생명축제'가 있었다.

매년 가을, 교회는 온 힘을 다해 새생명축제에 올인한다. 담임목사 역시 이 사역만큼은 상상을 초월할 정도로 드라이브를 건다. 물론 피곤해하는 성도들도 있고, 부정적인 시각도 있다. 그러나 결국 많은 성도들이 순종으로 참여한다. 그 배경에는 제자훈련이 있다. 제자훈련을 받은 성도들이 영혼 구원을 위해 온 힘을 쏟는 것이다.

실제로 매년 전도를 가장 많이 하는 분들은 대부분 제자훈련을 받은 분들이다. 장로님들 역시 전도에 앞장서신다. 수년간 전도왕으로 선정된 분은 현재 시무장로님일 뿐 아니라, 당회원들도 새생명축제 때마다 최전선에서 헌신한다. 무엇보다 제자훈련생들이 열정적으로 전도에 나선다.

나는 새생명축제가 다가오면 제자훈련 시간에 이렇게 강조한다. "여러분이 제자훈련을 받으면서 전도하지 않는다면, 누가 전도하겠습니까? 이번 새생명축제에 제자훈련생 중에서 전도왕이 나와야 합니다." 이런 도전 앞에 훈련생들은 비록 전도왕이 되지 못하더라도 전도에 대한 거룩한 부담을 가지고 복음 전파에 힘쓴다. 결국 대부분의 제자훈련생들이 실제로 전도에 참여하게 된다.

제자훈련의 궁극적인 열매는 '증인으로의 변화'다. 제자훈련의 첫 번째 목적은 자신의 삶이 변화되는 것이다. 그러나 거기서 멈춘다면 2퍼센트가 부족하다. 진정한 제자훈련의 열매는 반드시 전도로 이어져야 한다. 훈련을 통해 변화된 성도가 그 변화를 자신에게만 머물게 한다면, 그것은 죽은 변화다. 변화된 성도는 자신의 삶의 자리에서 예수를 주로 고백하고, 삶으로 복음을 증거하는 증인의 사명을 감당해야 한다. 그런 의미에서 제자훈련을 받은 훈련생에게 복음 전도는 선택이 아니라 마땅히 감당해야 할 몫이요 사명이다.

✦ 나는 제자로서 단순히 변화된 삶에 머물러 있는지, 아니면 증인 으로서 복음을 전하는 자리까지 나아가고 있는지 자신의 삶을 성찰해 봅시다.

✦ 나는 복음 전도를 얼마나 반복적으로 실천하고 있습니까? 여기 에서 부족한 부분은 무엇이고 어떻게 채워가야 합니까?

✦ 내 삶의 현장에서 예수님을 증거할 수 있는 가장 구체적인 자리 는 어디입니까? 그 자리에서 복음을 전하기 위해 이번 주 안에 실천할 작은 결단은 무엇입니까?

VICTORY

패배주의를 넘어, 승리하는 믿음

요즘 사진을 찍을 때 많은 사람이 손가락으로 'V'자를 그린다. 사실 이 V 사인은 영국 수상 윈스턴 처칠에게서 비롯되었다. 1941년 제2차 세계대전 중, 나치 독일에 맞서 싸우며 절망에 빠진 국민들에게 처칠은 "V for Victory" 캠페인을 시작했다. 'Victory'(승리)의 첫 글자인 V를 검지와 중지를 들어 만들며 국민들에게 용기를 불어넣은 것이다. 그의 연설에는 늘 "피, 땀, 눈물"이라는 말이 따라붙었다. 그리고 그는 늘 외쳤다. "Never give up"(절대 포기하지 말라). 영국 BBC 방송은 이 캠페인을 적극적으로 지원하며, 모스부호로 표현되는 'V'의 신호음과 함께 베토벤 교향곡 5번의 도입부를 사용했다. "운명은 나치가 아니라 연합군에 달렸다"라는 메시지를 전달한 셈이다.

최근 요한계시록을 묵상하면서 새삼스럽게 '이기는 신앙'의 중요성을 발견했다. 요한계시록에는 "이기는"이라는 표현이 8번이나 나온다. 그런데 주님이 '이기는 신앙'을 말씀하신 대상이 전부 교회와 성도였다. 에베소 교회(계 2:7), 서머나 교회(계 2:11), 버가모 교회(계 2:17), 두아디라 교회(계 2:26), 사데 교회(계 3:5), 빌라델비아 교회(계 3:12), 라오디게아 교회(계 3:21) 등 일곱 교회에게 '이기는 신앙'을 강조하셨다. 이유가 무엇일까? 교회는 이겨야 한다는 것이다. '교회여, 승리하라'는 메시지다. 순간 가슴이 뜨거워졌다. 마음이 든든했다. 눈에 눈물이 흘렀다. 힘이 났다.

현재 한국 교회는 정말 어려운 상황에 놓여 있는 것이 사실이다. 교회마다 여러 가지 어려움을 토로한다. 그리고 안타깝게도 교회에 관한 많은 데이터들이 부정적이다. 과거에는 이런 지표들을 정확히 알지 못했는데, 최근에는 너무나 쉽고 분명하게 접할 수 있다. 물론, 이런 데이터들은 한국 교회의 현재 상황을 직시하는 데 도움이 된다. 하지만 이런 지표들로 인해 우리가 패배주의에 빠지는 것은 아닌지 반문해본다. 교회는 승리한다. 교회는 이길 수 있다.

오늘날 많은 청년들이 빠지는 마음의 함정이 있다. 그것은 바로 '패배주의'다. 요즘은 대학에 들어가는 일조차 쉽지 않다. 소위 'SKY' 대학(서울대, 고려대, 연세대)은 물론, 이른바 '인서울' 대학(서울시 내에 소재하는 4년제 종합대학)에 들어가는 것도 만만치 않다. 그렇게 힘들게 대학에 들어가 졸업해도 취업의 문은 바늘구멍처럼 좁다. 백통의 이력서를 넣어도 면접 기회조차 얻기 어렵다. 결혼은 그야말로 꿈같은 이야기다.

이런 현실 속에서 마음은 쉽게 무너진다. "나는 안 돼." "해 봐야 소용없어." "다들 잘 나가는데, 나는 뭐지?" 이런 생각들이 머리를 지배하면, 기도할 힘도, 도전할 용기도 사라진다. 그러나 성경은 그런 마음을 뛰어넘는 믿음의 길을 제시한다.

"이기는 자는 이것들을 상속으로 받으리라 나는 그의 하나님이 되고 그는 내 아들이 되리라"(계 21:7).

우리는 승리할 수 있다. 성도는 이기는 자들이다. 왜냐하면 하나님이 우리의 하나님이 되시고 우리는 하나님의 자녀이기 때문이다.

우리는 인생을 살면서 다른 사람의 속도, 성과, 외모, 재능과 자신을 비교하며 위축될 때가 많다. 하지만 예수님조차 두려움 앞에서 싸우셨다. 십자가를 앞두고 겟세마네 동산에서 땀방울이 피가되도록 기도하시며 고뇌하셨다. 순종은 결코 쉽지 않았지만, 예수님은 결국 하나님의 뜻에 순복하셨다.

사도 바울은 디모데후서 1장 7절에서 이렇게 말한다. "하나님이 우리에게 주신 것은 두려워하는 마음이 아니요 오직 능력과 사랑과 절제하는 마음이니." 우리도 마찬가지다. 두려움이 찾아올 때, 그것을 피하거나 억누르기보다 하나님 앞에서 씨름해야 한다. 기도하면서 말씀을 붙들고, 흩어진 마음을 다시 세워야 한다.

잠언 24장 16절은 이렇게 말한다. "대저 의인은 일곱 번 넘어질지라도 다시 일어나려니와 악인은 재앙으로 말미암아 엎드러지느니라." 하나님은 실수하지 않는 사람을 찾으시는 것이 아니라, 넘어져도 다시 일어나는 사람을 기뻐하신다.

물론 현실에서는 패배를 경험할 때가 있다. 그러나 그때마다 우리는 신앙의 긴장 속에 있는 '이미'(already)와 '아직'(not yet)을 기억해야 한다.

제2차 세계대전 당시, 미국과 영국 연합군은 한때 독일군에 밀려 패배 직전까지 몰렸다. 그때 전세를 뒤집은 결정적 사건이 노르망디 상륙작전이었다. 1944년 그 작전의 성공으로 연합군은 승기를 잡았고, 사실상 전쟁의 판도가 바뀌었다. 그날을 'D-Day'라 부른다. 이미 승리는 확보된 셈이었다. 그러나 독일의 수도 베를린이 함락되기까지는 여전히 국지전이 남아 있었다. 마침내 1945년 5월 7일, 나치 독일은 무조건 항복 문서에 서명했고, 다음 날인 5월 8일 전쟁은 공식적으로 종료되었다. 연합군은 완전한 승리를 선포했다.

우리의 신앙도 이와 같다. 우리의 승리에도 '이미'와 '아직'이 공존한다. 그리스도께서 십자가에서 이미 승리하셨다. 우리는 이미 구원받았고, 하나님의 자녀가 되었다. 이미 승리한 자들이다. 그러나 여전히 세상 속에서 사단의 유혹과 싸워야 한다. 아직 끝나지 않은 싸움이 남아 있는 것이다. 그래서 우리는 때때로 넘어지지만, 여전히 승리의 여정 속에 있는 자다.

지금 상황이 마음에 들지 않는가? 낙심되고 지쳐 있는가? 괜찮다. 하나님은 그런 우리를 통해서도 일하신다. 중요한 것은 포기하지 않는 것, 그리고 다시 일어나는 것이다. 하나님이 주시는 힘으로 다시 도전하라. 은혜를 구하라. 넘어졌다면, 다시 일어나라.

기독교가 '은혜의 종교'라는 말은 바로 이것을 뜻한다. 하나님은 언제나 '제2의 기회'(Second Chance)를 주시는 분이시다. 하나님은 우리로 이기게 하시는 '여호와 닛시'의 하나님이시다. 그 하나님만 경배하자. 그 하나님만 찬양하자. 그 하나님을 사랑하자. 그 하나님을 의지하자. 성도는 '이기는 신앙'으로 세상과 싸워 승리하는 승리자가 될 수 있다.

"무릇 하나님께로부터 난 자마다 세상을 이기느니라 세상을 이기는 승리는 이것이니 우리의 믿음이니라"(요일 5:4).

부록

✦

교회가 교회를 전도한다

분립개척 이야기

목감신일교회 강대성 목사

함께하는신일교회 최지훈 목사

VICTORY

교회가 교회를 전도한다

교회가 교회를 세우는 분립개척

분립개척은 단순한 전략적 선택이 아니라 성경적 원리에 기초한 사역의 모델이다. 사도행전 11장에서 예루살렘 교회가 안디옥에 복음을 전해 새로운 교회를 세운 사례가 대표적이다. 또한 안디옥 교회는 바울과 바나바를 선교사로 파송하여 새로운 교회 개척 사역을 감당하게 했다(행 13:1-3). 이러한 성경적 모델을 따라 신일교회는 "두란노교회", "목감신일교회", "함께하는신일교회"를 개척했다.

　신일교회의 첫 분립개척은 2008년 인천 간석동에서 "두란노교회"로 시작되었다. 6년간 함께 동역한 오치영 목사를 파송했고, 상가 예배당을 임대해 주며 3년간 지원했다. 하나님의 은혜로 2015년 두란노교회는 자립하게 되었다. 그러나 이 과정에서 신일교회는 한 가지 중요한 사실을 깨달았다. 물질적 지원만으로는 충분하지 않다는 것이다. 개척 멤버를 함께 보내지 못했던 점이 교회 성장과 자립에 장애가 되었음을 뼈저리게 느꼈다.

그래서 2017년 3월, 신일교회는 두 번째 개척교회 이름을 "목감신일교회"로 정하고 본격적인 분립개척을 단행했다. 개척지인 목감은 교회에서 자동차로 20분 거리의 신도시였으며, 교회는 5억 원의 예산을 들여 예배당을 매입해 주었다. 그리고 청장년 50여 명을 파송했는데, 이들은 모두 십일조를 드리는 이른바 '십일조 교인'들이었다.

이들을 보내는 일은 담임목사에게 너무나 힘든 결정이었다. 눈물이 날 만큼 아프고, 마음이 무너지는 순간들도 있었다. 그러나 당회와 온 성도가 마음을 모아 기쁨으로 분립개척을 실행했다. 그 결과는 감사와 감동이었다. 설립감사예배 때 한 목사님은 "내 생애 이렇게 감격스러운 예배는 처음이다"라며 눈물을 흘리기도 했다. 현재 목감신일교회는 청장년 200여 명이 예배드리고 있으며, 자체 재정으로 상가 두 곳을 추가로 구입할 만큼 건강하게 성장했다.

이후 2021년 12월 26일, 교회 설립 50주년을 맞아 세 번째 분립개척이 이루어졌다. 코로나19로 교회마다 힘든 시기였지만, 신일교회는 경기도 시흥 장현지구에 "함께하는신일교회"를 세웠다. 이번에는 10년간 신일교회에서 사역한 최지훈 목사를 담임목사로 세우고, 청장년 64명을 파송했다.

장현지구는 교회에서 차로 30분 거리였고, 대중교통 접근도 용이했다. 향후 신안산선이 완공되면 더 가까워질 전망이었다. 기도하며 장소를 찾던 중, 장현지구 중심에 위치한 8층 건물의 꼭대기 층을 7억 원에 구입해 교회에 넘겨 주었고, 교육관이 필요하다는 당회원들의 의견에 따라 25평 규모의 공간을 임대해 주었다.

2021년 12월 26일 파송예배를 드린 후, 2022년 1월 8일 함께하는신일교회 설립예배를 드렸다. 그로부터 4년이 지난 2025년 현재, 청장년 100명과 다음세대 80여 명이 모이는 건강한 교회로 성장하고 있다.

분립개척의 핵심과 축복

신일교회의 분립개척이 성공할 수 있었던 것은 전적으로 하나님의 은혜다. 그러나 굳이 이유를 꼽자면 세 가지를 들 수 있다.

첫째, 모교회의 철학이 확고했다는 점이다. 신일교회는 제자훈련 중심의 교회로, 지금까지 약 400명이 제자훈련을 수료했다. 이들은 모두 '한 영혼 철학'을 DNA처럼 지니고 있으며, 예수님이 기뻐하시는 목회가 무엇인지 명확히 알고 있다. 온 교회가 '영혼 구원과 제자 삼는 사역'을 위해 하나로 연합되어 있으며, 모든 성도가 '세상으로 보냄 받은 제자'라는 정체성을 공유하고 있다. 이것이 분립개척의 가장 큰 성공 요인이라 할 수 있다.

둘째, 파송받는 담임목사를 잘 결정했다는 점이다. 모교회 담임목사와 파송받는 목회자 간의 신뢰는 무엇보다 중요하다. 신일교회에서 파송된 세 명의 목사는 모두 교회 안에서 실력과 성품으로 인정받은 인물들이었고, 형제처럼 가까운 관계였다. 당회원과 성도들의 신뢰도 두터웠다.

셋째, 개척교회로 파송되는 교인들의 구성이다. 신일교회는 파송 교인들이 담임목사의 생활을 책임질 수 있도록 구성했다. 교회가 건물을 매입해 명의까지 변경해 주어 임대료 부담을 덜고, 그 대신 파송 성도들이 담임목사의 사례비를 책임지도록 했다. 대부분 전문직 성도들이었기에 재정적으로도 안정된 개척이 가능했다.

하나님은 분립개척을 통해 신일교회에도 많은 복을 주셨다. 먼저 본교회 성도들에게는 자부심을, 타교회 성도들에게는 선한 인상을 주었다. 노회와 총회로부터도 많은 칭찬을 받았다. 분립개척 이후 신일교회에는 매년 250명가량의 새가족이 등록했다. 코로나19 상황 속에서도 2022년 청장년 등록교인이 150명, 그중 청년이 53명이었고 47명이 정착했다. 재정적으로도 큰 복을 받았다. 2호 분립개척 당시 비전센터와 교육관 구입으로 인해 부채가 많았지만, 이후 5년간 25억 원의 부채를 모두 상환했다. 성도들은 헌금을 아까워하지 않았다. 하나님께서 분립개척을 얼마나 기뻐하시는지를 체감할 수밖에 없었다. 모든 것은 하나님의 섭리와 은혜였다.

마지막으로 분립개척에는 반드시 감당해야 할 과정이 있다. 그것은 담임목사의 '대성통곡'이다. 첫 분립개척 때, 젊은 전문인 성도들이 개척에 참여한다는 소식을 듣고 눈물로 통곡한 적이 있었다. 두 번째 분립개척 때는 시무장로 두 분이 함께 나간다는 소식을 듣고 밤새 잠을 이루지 못했다. 평소 눕기만 하면 잠드는 체질이었지만, 며칠 동안 불면증에 시달렸고, 결국 한의원에 가서 침을 맞아야 했다. 그때 친구 목사가 해 준 말을 지금도 잊지 못한다. "분립개척은 이 시대의 복음이다."

분립개척은 자신의 살을 베는 듯한 고통이지만, 그 고통을 통해 주님의 마음을 더 깊이 이해하게 된다. 분립개척은 교회가 교회를 개척하는 것이며, 이 시대에 가장 효과적인 전도이자 교회 성장의 길이다.

✦ 분립개척은 누군가를 보내는 고통과 함께, 하나님의 뜻을 신뢰하는 순종의 행위입니다. 나는 지금까지 하나님께서 요구하실 때 '보내는 마음', 혹은 '떠나는 순종'을 얼마나 기쁘게 감당하고 있습니까?

✦ 분립개척의 성공 요인은 '하나 된 철학', '신뢰할 수 있는 리더십', '헌신된 성도들'이었습니다. 우리 공동체는 이 세 가지 중 어떤 부분이 강점입니까? 그리고 어떤 부분은 더 준비하면 좋겠다고 생각합니까?

✦ 분립개척은 이 시대의 복음과도 같습니다. 우리 공동체가 '보내는 교회'로 부르심을 받았다는 사실을 구체적으로 어떻게 실천할 수 있습니까?

분립개척 이야기 1

저는 목감신일교회를 담임하는 강대성 목사입니다. 신일교회에서 6년 사역을 마치고 교회를 떠날 때 너무나 정들었던 신일교회, 자식같이 생각했던 청년들을 떠날 생각에 너무나 마음이 아팠습니다. 우울증에 걸릴 지경이었습니다. 정말 힘들었습니다. 그런데 그렇게 떠나는 저는 혼자가 아니었습니다. 신일교회에서 분립개척 지원자를 모집했고 청장년 성도 55명(주일학교 20명 포함)과 함께 시작하는 교회 개척이었기 때문입니다. 혼자였다면 정말 외로웠고 힘들었을 개척이지만 같이 하니 외롭지 않았습니다. 분립개척 이후에 이런 저런 고비들이 많이 있었습니다. 그러나 교회를 세우고자 하는 마음으로 하나 된 동역자들과 같이 하니 모든 문제를 다 극복해 나갈 수 있었습니다. 그 과정 속에서 교우들과 점차 하나가 되고 교회를 사랑하는 마음이 강해졌고, 진정한 목감신일교회 성도로 거듭나게 되었습니다.

신일교회에서 이렇게 성도들을 파송해줄 뿐 아니라 교회 성전 구입과 인테리어 공사를 위해서 5억 2천만 원을 아무 조건 없이 지원해준다는 이야기를 들었을 때의 충격은 이루 말할 수 없었습니다. 솔직히 믿기지 않았습니다. 신일교회 이권희 담임목사님 그리고 장로님들이 무슨 생각으로 이렇게 하시는 것인가 싶어서 너무나 의아했습니다. 그리고 시간이 지나면서 교회 개척을 통해 하나님의 나라를 확장하는 비전에 진심으로 헌신하는 마음이라는 것을 확인했을 때, 그때는 정말 신일교회 담임목사님과 장로님들 한없이 존경스러웠습니다. 그리고 사무치게 감사했습니다.

그렇게 목감신일교회는 신일교회로부터 큰 사랑을 받고, 전폭적인 지원 속에서 출발하게 되었습니다. "목감신일교회가 어떻게 세워진 교회인데, 나를 믿고 지원해준 것에 보답해야겠다"라고 생각했습니다. 교회 개척이 꼭 성공해야 한다는 마음이 컸습니다. 그러나 현실은 쉽지 않았습니다. 신도시에는 입주자들이 많으니까 입주

할 때 열심히 홍보하고 전도하면 금새 부흥할 것이라고 생각했습니다. 교회 개척이 힘들다고 하지만 신도시이기에 기회가 많을 것이라고 생각했습니다. 그러나 몇 달이 지나도 주일날 방문자는 없다시피했습니다. 전도를 했지만 열매가 잘 맺히지 않았습니다. 그렇게 개척하고 몇 달이 흘렀을 때 저와 사모는 드디어 현실을 깨닫게 되었습니다. 분립개척도 피와 눈물로 이뤄져야 할 개척이라는 것, 이 사역은 결코 쉽게 될 수 없다는 것을 절절히 깨달았습니다.

화요일부터 토요일까지 저와 아내는 매일 전도를 나가기 시작했습니다. 주로 교회 앞 광장에서 두 시간 정도 전도를 했습니다. 추운 날에는 따뜻한 커피를 담아가지고 나아가고, 더운 날에는 시원한 커피를 담아가지고 가서 전도지를 건네면서 전도했습니다. 조금씩 열매가 맺혔습니다. 그러나 저와 아내가 시간을 투자하고 수고한 것만큼 전도가 되는 것 같지 않아서 지치는 마음도 있었습니다. 겨울이 되었을 때 너무 춥고 눈보라가 칠 때는 오늘은 전도를 쉬는 게 좋겠다고 말하며 전도를 쉬었습니다. 그런데 아내가 어느새 보이지 않고, 나중에 알고 보니 혼자서 전도를 나갔던 것입니다. 극성맞게 전도한다고 남편이 말릴까봐 몰래 전도하고 오는 것이었습니다. 그런 아내에게 저는 "이런 날씨에도 전도하면 사람들이 우리 교회를 얼마나 불쌍하게 보겠어요. 이런 날에는 전도하지 맙시다"라며 말렸지만, 아내는 비가 와도 눈이 와도 언제나 전도의 자리를 지켰습니다. 그리고 그런 아내를 보면서 미안한 마음과 안타까운 마음에 눈물이 나기도 했습니다.

그렇게 전도가 되고, 수평이동 신자도 조금씩 오게 되어서 주일 출석 청장년 성도가 100명 가량 되었을 때였습니다. 코로나가 터졌습니다. 전도가 되려고 하니까 교회는 모든 것이 비대면으로 전환되어서 전도는커녕 예배를 드리는 것조차도 힘들게 되어버린 것입니다. 참담했습니다. 버티는 수밖에 없었습니다. 성도들과 온라인으로 접촉하고 모일 수 있을 때 최대한 모이려고 힘쓰면서 코로나 3년을 지나게 되었습니다. '다시 전도를 할 수 있을까? 이 침체된 영적인 현실을 딛고 일어날 수 있을까?' 싶었습니다. 그러고서 기적이 시작되었습니다.

코로나가 끝나고 2023년 목감신일교회는 코로나 이전부터 두 배나 전도가 되었습니다. 73명의 청장년 새신자가 등록하게 된 것입니다. 감사했습니다. 그리고 기대감 속에서 시작한 2024년은 기적 그 자체였습니다. 한 해 동안 143명이 등록했습니다. 그 중에 80퍼센트 이상이 불신자 또는 낙심신자였습니다. 그리고 2025년 현재 목감신일교회는 이런 전도의 폭발은 계속되고 있습니다. 수평이동을 통한 성장이 아니라 불신자 전도를 통한 성장이었습니다. 그리고 그 전도의 상당 부분이 노방전도, 교회 앞 광장에서의 전도였습니다. 노방 전도, 불신자 전도가 정말로 어려운 시대 속에서 30, 40대가 주로 살고 있는 신도시에서 불신자 전도를 통해서 성장한다는 것은 전혀 시대와 어울리지 않는 현상이라고 생각했고, 성도들도 이것을 너무나 신기하게 생각했습니다. 그리고 하나님께서 부으시는 은혜임을 모두가 고백하고 있습니다.

독산동 신일교회에는 매년 새생명축제를 합니다. 제가 신일교회 부교역자로 있었을 때 수백 명의 사람들이 전도를 통해서 새생명축제에 초청되어서 교회에 앉아 있는 것을 보고서 큰 충격을 받았던 경험이 있습니다. 독산동 신일교회는 새생명축제를 위해서 몇 달 전부터 뜨겁게 기도하고, 태신자를 작정하고, 계속해서 전도에 관한 말씀이 선포됩니다. 담임목사님이 나서서 전도를 하시면서 모범을 보여주십니다. 매년 가을이면 이렇게 전도를 위해 올인하는 교회가 됩니다. 새생명축제가 마치면 다리에 힘이 풀려버릴 정도로 그렇게 힘을 쏟아서 온 교회가 전도에 매진합니다. 독산동 신일교회의 새생명축제는 저와 사모에게 너무나 큰 가르침이 되었습니다. 그래서 목감신일교회도 매년 새생명축제를 합니다. 그리고 새생명축제의 스피릿을 가지고 평상시에도 전도에 힘쓰고 있습니다. 새생명축제가 아닐 때에도 설교의 중간 중간에 전도를 늘 강조합니다. 그래서인지 목감신일교회 성도들 가운데서 전도에 열심이신 분들이 정말 많습니다.

이기는 신앙

제 아내인 배상화 사모는 세 아이를 낳고 큰 아이는 고3, 막내는 초3입니다. 그런데도 아직 유모차를 늘 끌고 다닙니다. 아기가 없는 유모차입니다. 그 유모차에는 전도를 위한 물품들, 선물들로 가득 차 있습니다. 짐을 싣고 다니기에 유모차만큼 편한 것이 없다고 해서 중고 유모차를 구입해서 끌고 다녔고, 벌써 몇 번째 유모차를 새로 구입해서 짐수레로 활용하고 있습니다. 전도 대상자가 누구건 상관없이 그들에게 줄 수 있는 적절한 선물들을 유모차에 늘 싣고 다니는 것입니다. 사모는 유모차에 실을 것들이 많아서 무게가 나가니 늘 어깨와 팔이 아프다고 하소연합니다. 그래서 저는 아내에게 늘 파스를 붙여주는 사람입니다. 사모를 통해서 교회를 오게 된 영혼이 3년 동안 100명은 넘는 것 같습니다. 이제는 사모의 팔에 붙어 있는 파스도, 짐을 가득 실은 유모차도 참 거룩해 보입니다.

목감신일교회는 목감에서 나름 영향력 있는 교회로 성장했습니다. 2025년 8월 현재 주일학교 포함 재적교인이 600명에 달합니다. 9년 전 독산동 신일교회의 헌신이 시흥시 목감 땅에 수많은 영혼을 구원하고, 천국으로 인도하는 기적을 만들고 있는 것입니다.

강대성 | 목감신일교회 담임목사

분립개척 이야기 2

저는 함께하는신일교회 최지훈 목사입니다. 저는 전도사 시절 신일교회에 부임해서 이권희 목사님에게서 10년간 부교역자로 목회를 배웠습니다. 그러던 중 교회 설립 50주년을 기념하는 분립개척 사역에 동참하라는 제안을 받았습니다. 사실 목회자로서 더없이 좋은 기회였지만, 마냥 기쁘지만은 않았습니다. 분립개척이라는 막중한 책임감과 개척에 대한 막연한 불안감이 컸기 때문입니다. 하지만 하나님의 인도하심을 믿고 분립개척에 동참했고, 지금 돌아보면 하나님의 놀라운 이끄심과 이권희 목사님의 든든한 격려가 있었기에 가능했습니다.

이권희 목사님께서 늘 강조하시던 "더 깊은 영성으로, 더 낮은 곳으로"라는 목회 방침을 개척교회의 핵심 가치로 삼게 되었습니다. 그 가치를 토대로 하나님과 함께하고, 이웃과 함께하는 교회라는 의미로 "함께하는신일교회"라고 이름을 정하게 되었습니다. 개척 장소는 당시 인구 유입이 활발하던 시흥시 장현지구로 정했습니다. 장현지구는 신도시인데, 신도시는 집값 상승을 억제하고, 균형 있는 인구분포를 위해 출퇴근이 가능한 거리의 외곽지역에 계획적으로 조성된 도시를 말합니다. 즉, 자연스럽게 형성된 도심이 아니라 계획적이고 인위적으로 만들어진 도시입니다. 이러한 신도시의 특징 중 하나는 바로 다양성입니다. 함께하는신일교회 역시 이 지역의 다양성 속에서, 우리 교회만의 고유한 모습으로 선교하는 교회가 되고자 하는 비전을 품게 되었습니다.

그래서 "더 깊은 영성"을 위해 이권희 목사님께 배운 대로 제자훈련을 진행했습니다. 동시에 개척 초기부터 "더 낮은 곳으로" 사역을 실천하고자 했습니다. "더 낮은 곳으로" 사역이란 복음이 필요한 자리로 찾아가 선교적 자세로 섬기는 사역을 의미합니다. 이미 신일교회는 지역아동센터, 작은도서관, 긴급구호뱅크 사역, 지역사회봉사단 등 다양한 사역을 통해 사회적 제자도를 실천해 왔습니다. 함께하는신일교회도 이러한 전통을 이어받아 개척 초기부터 "더 낮은 곳으로" 나아가는 사역을 계획하게 되었습니다.

감사하게도 함께하는신일교회 개척은 50주년을 기념하는 분립 개척 사역으로 이루어졌습니다. 또한 이미 5년 전, 목감신일교회의 분립개척이 성공적으로 자리잡은 사례가 있었기 때문에 많은 성도 님들이 믿음으로 동참하셨습니다. 청·장년 50명, 교역자와 다음세 대를 포함 총 64명의 성도들이 함께 처음 교회를 세우게 되었고, 본 당과 교육관을 확보하여 사역을 시작할 수 있었습니다. 모든 것이 전적인 하나님의 은혜였고, 또한 신일교회의 헌신 덕분이었습니다. 저에게는 마치 아무 공로 없이 받은 복음의 은혜처럼, 거저 받은 은 혜로 여겨졌습니다. 주님께서 제자들에게 복음을 전하라 하시며 "거저 받았으니 거저 주라"(마 10:8)라고 명령하셨듯, 함께하는신일 교회도 거저 받은 은혜를 기꺼이 흘려보내는 교회로 세워지고자 했 습니다.

개척 후 첫걸음으로, 설립예배에서 드려진 헌금의 30퍼센트를 지역사회를 섬기는 데 사용했습니다. 직접 지역 내 사회복지기관 다섯 군데를 방문하여, 가장 열악해 보이는 지역아동센터와 여성청 소년쉼터에 필요한 물품을 구입해 전달했습니다. 이후에도 청소년 쉼터와의 연결을 꾸준히 이어가며, 한 달 동안 쉼터에 있는 청소년 들과 함께 운동회, 요리대회 같은 다양한 프로그램을 진행했습니 다. 성도들도 기쁜 마음으로 갈 곳이 없는 청소년들을 섬기는 좋은 시간이 되었습니다. 지금까지도 매 절기헌금의 30퍼센트는 지역사회를 섬기는 데 사용하고 있습니다. 보육원, 그룹홈, 미혼부·미혼모 가정, 다문화 가정, 독거노인 등 도움이 절실히 필요한 이웃들에게 작은 힘이 되기를 소망하며 나누고 있습니다.

또한 지역사회를 위한 "서로작은도서관"을 설립하여, 누구나 와서 책을 읽고 프로그램을 참여할 수 있도록 개방했습니다. 방문자의 80퍼센트 이상은 지역 주민이었고, 그 과정에서 교회에 부정적인 이미지를 가지고 있던 한 분은 성도들의 섬김을 보고 "이런 분이 다니는 교회라면 긍정적으로 생각해봐도 되겠다"라고 고백하기도 했습니다. 나아가 그분은 교회의 새생명축제에 초대되어 예배에 참석하는 은혜도 누렸습니다.

그리고 교회의 비전을 위해 기도하고 말씀을 나누던 가운데, 하나님께서 "상담카페" 사역에 대한 마음을 허락해주셨습니다. 교회에 등록하고 심방을 통해 새로운 사람들을 만나면서, 예상보다 많은 분들이 공황장애, 우울증. 불면증 등으로 약물치료를 받고 있다는 것을 알게 되었습니다. 또한 상담과 같은 전문적인 도움을 받고 싶어 하지만 높은 비용 때문에 쉽게 다가가지 못하고 있다는 어려움도 발견하게 되었습니다. 그래서 성도님들에게 "서로작은도서관"에 이어, 다음 발걸음으로 "상담카페"의 비전을 함께 품자고 권면했습니다. 그런데 그 이후 놀라운 일이 일어났습니다. 상담을 전공한 성도님들이 새가족으로 하나둘씩 등록하기 시작한 것입니다. 학교 상담교사, 발달센터 센터장, 언어치료사, 음악치료사, 심지어 최근에는 상담학 박사 과정을 수료하고 상담 전공 서적을 지필하고 계신 분까지 함께하게 되었습니다. 현재 새가족의 약 10퍼센트가 상담 전공자입니다. 놀라운 점은, 이분들이 교회를 등록할 당시 "상담카페" 비전에 대해 전혀 알지 못했음에도 지금은 그 사역에 기꺼이 동참하고 계신다는 사실입니다.

최근에 하나님의 은혜로 저희 교회는 70평정도 되는 상가를 매입하게 되었습니다. 그곳에서 "상담카페"와 "서로작은도서관"을 본격적으로 시작할 준비를 하고 있습니다. 그곳에는 교회의 이름이 직접적으로 드러나지는 않을 것입니다. 그러나 주님의 사랑과 헌신은 그 공간 안에 분명히 드러나게 될 것입니다. 주님께서 이 땅에 오셔서 건강한 자가 아닌 병든 자와 함께 하셨듯이, "더 낮은 곳으로" 사역을 통해 주님께서 밝게 드러나실 것을 믿습니다. 함께하는 신일교회는 진입 장벽이 높은 종교시설이 아니라 누구나 자유롭게 와서 웃고 울 수 있는 열린 공간, 그리고 낯선 신도시에 다양한 배경을 가지고 온 이들이 환대받을 수 있는 환대의 공간이 되고 싶습니다.

이 모든 사역은 하나님의 전적인 은혜로 가능했으며, 신일교회를 통해 시작될 수 있었습니다. 개인적으로, 저에게 신일교회에서 부교역자로서 보낸 10년의 시간은 함께하는신일교회의 든든한 목회

철학이 되었습니다. 또한 개척에 동참한 성도님들의 헌신 역시 신일교회의 제자훈련의 열매였습니다. 함께하는신일교회는 앞으로도 더 깊은 영성으로, 더 낮은 곳으로 향하는 주님의 발자취를 따라가는 교회가 되겠습니다.

최지훈 | 함께하는 신일교회 담임목사

국제제자훈련원은 건강한 교회를 꿈꾸는 목회의 동반자로서 제자 삼는 사역을 중심으로 성경적 목회 모델을 제시함으로 세계 교회를 섬기는 전문 사역 기관입니다.

이기는 신앙

초판 1쇄 인쇄 2025년 12월 20일
초판 1쇄 발행 2025년 12월 27일

지은이 이권희

펴낸이 오정현
펴낸곳 국제제자훈련원
등록번호 제2013-000170호(2013년 9월 25일)
주소 서울시 서초구 효령로68길 98(서초동)
전화 02) 3489-4300 **팩스** 02) 3489-4329
이메일 dmipress@sarang.org

ISBN 978-89-5731-957-4 03230